Bernd Lenzer und Martin Müller

Lebendiges Brauchtum in Osttirol und im Südtiroler Pustertal

Heimat Osttirol, Band 1

In Zusammenarbeit mit

Bernd Lenzer und Martin Müller

Lebendiges Brauchtum in Osttirol und im Südtiroler Pustertal

loewenzahn
Innsbruck – Bozen

Zur Erinnerung an Katharina Lenzer
Hermann Klaunzer
Martin Hanser
Dr. Viktoria Stadlmayer

Die Drucklegung wurde ermöglicht durch:

Weiters durch die Gemeinden Heinfels, Kartitsch, Lavant, Leisach, Lienz und Untertilliach sowie durch die Felbertauernstraße AG, Podesser Baustoffe, die Tiroler Versicherung und Karl Klaunzer/Wiener Städtische Versicherung Osttirol.

© 2005 by løwenzahn in der Studienverlag Ges.m.b.H., Erlerstraße 10, A-6020 Innsbruck
e-mail: order@studienverlag.at
homepage: www.loewenzahn.at

Bibliografische Information Der Deutschen Bibliothek
Die Deutsche Bibliothek verzeichnet diese Publikation in der Deutschen Nationalbibliografie;
detaillierte bibliografische Daten sind im Internet über <http://dnb.ddb.de> abrufbar.

ISBN 3-7066-2354-4

Buchgestaltung nach Entwürfen von Kurt Höretzeder
Satz und Umschlag: Studienverlag/Karin Berner
Umschlagfotos von oben nach unten: Schützen bei Matrei in Osttirol (Gemeindearchiv
Matrei in Osttirol); Osttiroler Klaubauflarve (Bernd Lenzer); Fronleichnamsprozession in
Virgen, 2003 (Martin Müller).

Gedruckt auf umweltfreundlichem, chlor- und säurefrei gebleichtem Papier.

Inhaltsverzeichnis

Vorwort

Nachdem im Laufe der letzten Jahrzehnte etliche Bücher über das Tiroler Brauchtum veröffentlicht worden waren und Friedrich Haider sogar eine umfassende Darstellung ("Tiroler Brauch im Jahreslauf") vorgelegt hatte, war es an der Zeit, einzelne Regionen innerhalb des Landes genauer zu betrachten. So wurde beim "Osttiroler Boten" die Idee geboren, einen kurzen Überblick über das Brauchtum im südöstlichen Tirol zum Gebrauch für jedermann zu erstellen. Zwei freie Mitarbeiter dieser Zeitung erklärten sich spontan bereit, diese Aufgabe zu übernehmen, noch unwissend, welche Belastungen dadurch auf sie zukommen würden.

Es schien, dass größter Wert auf die Feststellung der lebendigen Bräuche gelegt werden musste. Das bedingte allerdings einen großen Aufwand der Verfasser, waren sie doch genötigt, Chronisten und Ansprechpartner zu finden, viele Gemeinden abzufahren und Fotomaterial aufzutreiben.

In etlichen Gemeinden eines bestimmten kleineren Bereichs hat sich gezeigt, dass das Brauchtum dort oft recht ähnliche Züge innehat. Das gilt insbesondere dann, wenn die geschichtliche Entwicklung von ähnlichen Ursprüngen ausging. In den Freisingischen Gründungen Sillian und Innichen z.B. hat sich nicht nur ähnliches Brauchtum entwickelt, auch der Dialekt ist gegen die "nicht-freisingischen" Nachbarschaftsorte abgegrenzt.[1]

Da wir kein wissenschaftliches Werk mit detaillierter Erforschung und Darstellung der Bräuche schreiben und auch keine intensive "Vergleichende Brauchtumsforschung" betreiben wollten, haben wir uns jedoch darauf beschränkt, ausgewählte Bräuche zu schildern und nur gelegentlich die Brauchausübung etwas umfassender aufzuzeigen. Damit ist klar, dass viele der erwähnten Bräuche nicht nur in dem von uns genannten Ort, sondern auch andernorts stattfinden.

Das Buch greift über die Grenze von 1919 hinaus, ganz im Sinne der Europaregion Tirol und der Tiroler Landeseinheit. Das langsame Zusammenwachsen der Landesteile, das in den letzten Jahren Fortschritte gemacht hat – es gibt freilich auch gegenläufige Tendenzen –, soll im Sinne einer Stärkung der geistig-kulturellen Einheit Tirols begriffen werden, wie sie Landeshauptmann Herwig van Staa im Rahmen der Verkündung seiner Ziele angesprochen hatte.

Bei der Suche nach einer Abgrenzung des behandelten Gebietes erschien es sinnvoll, sich an den beiden Doktorarbeiten zu regionalen Aspekten des

Tiroler Freiheitskampfes von 1809 im Pustertal, Iseltal und Lienzer Becken zu orientieren, die es vermeiden, sich auf politisch bzw. durch die Verwaltung genau abgegrenzte Gebiete zu beschränken. Max Gruber hat in seiner Dissertation Bruneck und das westliche Pustertal bis zum Toblacher Feld behandelt, Josef Thonhauser das heutige Osttirol einschließlich Teilen des östlichen Südtiroler Pustertals, d.h. einschließlich jener Gegend um Innichen und Sexten, die noch zum Gericht Sillian gehörte.[2] In unserem Falle haben wir die Gegend bis Olang einbezogen, natürlich ohne irgendwelchen Anspruch auf Vollständigkeit.

Es stellte sich allerdings als schwierig heraus, eine Bezeichnung für den entsprechenden Landstrich zwischen Matrei i.O., Nikolsdorf, Untertilliach und Olang zu finden. Der Begriff „Osttirol" ist heute durch den alltäglichen Gebrauch in Verwaltung und Wirtschaft stark auf den Bezirk Lienz bezogen und insofern relativ feststehend. Daher wurde für die genannte Gegend bis einschließlich Olang gelegentlich der Begriff „südöstliches Tirol" benutzt. Vielleicht gibt es ja einmal ein anschließendes Brauchtumsbuch, das sich mit Bruneck und dem westlichen Pustertal befasst.

Warum ist ein solches Buch für die Tiroler Bevölkerung von Bedeutung? Man könnte es sich leicht machen und behaupten: Bräuche entstehen und vergehen von selbst, man soll dies nicht in großem Maße beeinflussen, und außerdem muss sich Brauchtum „aus der Bevölkerung" entwickeln statt aufgezwungen zu werden. Wenn also Brauchtum abgekommen ist, sollte dies nicht traurig machen, da es durch anderes, neues Brauchtum ersetzt wird.

Dieser Sichtweise ist einiges entgegenzuhalten. In gewisser Weise widerspiegelt das Brauchtum die Seele eines Landes. Es bildet neben der Sprache einen der wesentlichen Faktoren der Identität der Menschen. Und es ist keineswegs etwas, was „von selbst" besteht, was vielleicht sogar unabhängig von irgendwelchen äußeren Einwirkungen wäre.

Die Geschichtlichkeit der Betrachtungsweise erweist es natürlich als notwendig, auf die Dynamik des Brauchtums einzugehen. Man kann also darauf aufmerksam machen, dass Veränderungen in der Ausübung der Bräuche ständig stattfinden, dass Vorlieben für bestimmte Bräuche sich ändern und dass überhaupt das menschliche Leben einem Wandel unterliegt, der starke Auswirkungen auf das Brauchtum zeitigt (ein Prozess des Werdens und Vergehens, ohne Stillstand).[3] Daher ist es keineswegs beabsichtigt, irgendeine mehr oder weniger „gute alte Zeit" positiv gegenüber der jetzigen herauszustellen und der „guten alten Zeit" eine schöne Vorbildwirkung zu attestieren. Man muss realistisch bleiben und erkennen, dass zu verschiedenen Zeiten ganz verschiedene Herausforderungen an die Menschen herantreten und sie prägen, dass es immer und überall Schwierigkeiten gibt, weshalb überhaupt keine Epoche nur „gut" sein kann. Alles andere ist nachträgliche Verklärung. Auch in früheren Zeiten hat es in der Dorfgemeinschaft viele Probleme gegeben, welche nicht zuletzt mit der Armut zusammenhingen, die man sich heute in Mitteleuropa kaum noch vorstellen kann. Auch die dörfliche Ausgrenzung war in vielen Fällen gegeben; sie gehörte zu den bitteren Seiten der alten Zeit. Da war nicht nur eine beträchtliche Intoleranz gegenüber ledigen Müttern zu spüren, sondern auch wirtschaftlich „Abgehauste", gerichtlich Vorbestrafte und – besonders ab dem 19. Jahrhundert – politisch Andersdenkende hatten nicht viel zu lachen. Louis Oberwalder, der „Büdama Lois" aus Virgen, hat das in seinem Buch „Virgen im Nationalpark Hohe Tauern" in wenigen Sätzen prägnant zusammengefasst: „Es ist schwer, jene geschlossene Dorfgemeinschaft der heute offenen gegenüberzustellen. Man war damals religiöser, zufriedener, des eigenen Lebens sicherer. Aus heutiger Sicht aber war die dörfliche Gesellschaft in vielem unmenschlicher."[4] Somit ist eine Verklärung früherer Zeiten, die den Wandel an sich schon als Katastrophe betrachtet, zu vermeiden. Der natürliche Wandel im Brauchtum wird von den Verfassern weder geleugnet noch verdammt. Dennoch gibt es bei allem Wandel wichtige Kontinuitäten, und diese sollten deswegen betont werden, weil sonst die Menschen ihren sozialen Beziehungsrahmen verlieren und damit oft auch den Sinn ihres Lebens.

Heute ist allerdings, selbst in Tirol, vielfach ein Verschwinden des Brauchtums zu konstatieren, und nicht wenige Leute denken sich, dass das nicht weiter schlimm sei. Immerhin engt Brauchtum auch ein, verhindert manche angeblich „freie Entfaltung", und es wird auch kaum jemanden geben, dem jeder Brauch behagt. (Die Verfasser z.B. haben über so manchen Brauch, der auf purem Aberglauben beruht, amüsiert oder irritiert den Kopf geschüttelt.) Es ist jedoch einzuwenden, dass Brauchtum nicht einfach durch etwas anderes ersetzt werden kann, und man muss daher bedauern, dass durch den Einfluss der Massenmedien, insbesondere des Fernsehens, fremde Lebensweisen oft höhergestellt werden als die eigene. Vor allem wenn ein radikaler Umbruch erfolgt, wie dies in den letzten 50 bis 100 Jahren durch die technische und die soziale Entwicklung mehrmals in hohem Maße der Fall war, können solche Veränderungen auch bedenkliche, ja schlimme Folgen haben.

Man kann hierzu auf die Bemerkungen verweisen, die Albert Kamelger in seinem Geleitwort zu dem von ihm herausgegebenen Heimatbuch der Gemeinde Niederdorf geäußert hat, wo er auch auf die von der Technik und dem wirtschaftlichen Aufschwung bedingten Strukturänderungen im Dorf eingeht, denen vieles geopfert wurde, was die Vorfahren im Laufe der Jahrhunderte in mühevoller und harter Arbeit geschaffen hatten. Hierüber schreibt er: „Die gegenwärtige Wohlstandsgesellschaft stellt das Erbe unserer Väter in Frage. Über den ‚Ausverkauf der Heimat' täuschen wir uns mit einer kurzfristigen materiellen Entschädigung hinweg." In diesem Zusammenhang erwähnt er den Verlust der eigenen Identität und fügt einige wichtige Gedanken an, über die jeder, der sich überhaupt diesen Fragen widmen will, wohl mehr als einmal nachdenken sollte: „Der Identitätsverlust ist der Totengräber von Sitte und Brauchtum, von Erbe und Heimatbewusstsein. Nur der geschichtsbewusste Mensch überblickt längere Zeiträume, und für ihn gelten als Motive seines Handelns nicht die eigenen, kurzfristigen und enggesteckten Ziele, sondern die Verantwortung für das Ganze, für die Nachwelt."[5]

Gegen langsame Veränderungen, die aus dem Leben der Bevölkerung heraus entstehen (freilich nicht „von selbst"), spricht nichts; aber gegen eine fast alles überschwemmende Flut von „von außen" kommender Einflüsse, die der Bevölkerung die Identität nehmen, sollte man eine gewisse Resistenz wahren. Nur dann kann es gelingen, dass man „man selbst" bleibt und eigenständige Positionen behält. Es wird zwar immer Tendenzen der Vereinheitlichung geben und geben müssen, doch darf andererseits die Eigenständigkeit nicht verloren gehen, wenn Vielfalt verhindert, dass eine Gleichschaltung und Verödung des politischen und des geistigen Lebens eintritt. Jene Art von äußeren Einwirkungen, die also von einem Buch über Brauchtum ausgehen (bzw. ausgehen sollen) – insofern nämlich, als das Festhalten an Bräuchen und das Wiederaufgreifen mancher verschwundener Bräuche positiv gesehen wird –, wäre daher zu begrüßen, denn oftmals zeigt sich, dass die Ausübung von Bräuchen heute nicht mehr als „selbstverständlich" gelten kann. Wie die Verfasser bei ihren Recherchen feststellen mussten, sind es in vielen Fällen nur wenige Personen, die dafür Sorge tragen, dass manche Bräuche weiter bestehen. An diesen hängt es, die Sache am Leben zu erhalten. Und von ihrem Einsatz hängt es schließlich ab, ob die Masse der Bevölkerung weiter im Einklang mit ihren gewachsenen Traditionen lebt oder die Traditionen ablegt. Auch um die Träger des Brauchtums im südöstlichen Tirol zu unterstützen, wurde daher dieses Buch geschrieben.

I. Jahresbrauchtum

Ausklang der Weihnachtszeit

Neujahr

Zu Neujahr müssen sich erst einmal die bösen Geister im Kopf verflüchtigen, die man in der vorhergehenden Nacht selbst dort hineinversetzt, fleißig gezüchtet und gegossen hat. Nach ihrem Verschwinden wird man das neue Jahr langsam mit dem notwendigen Schwung beginnen können.

Nur die Innervillgrater haben den Vorzug, am Neujahrstag ein besonderes Brauchtum zu pflegen, das ihnen den ersten Tag gleich versüßt: Sie essen „Neujahrsblattlan“, die ähnlich zubereitet werden wie der „Blattlstock“ und die „Stocktirtlan“, die im östlichen Tirol für den Heiligen Abend reser-

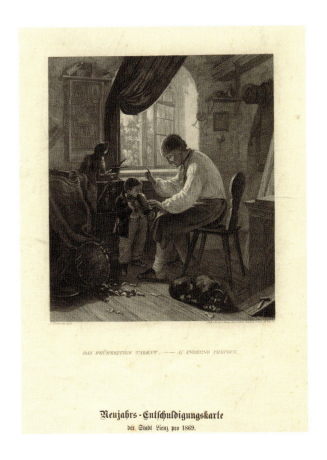

DAS FRÜHZEITIGE TALENT. —— LE NAISSANT PRÉCOCE.

Neujahrs-Entschuldigungskarte
der Stadt Lienz pro 1869.

Lienzer Klause, Leisach

Die Verbündeten im Ersten Weltkrieg: Kaiser Wilhelm II. und Kaiser Franz Joseph I., Lienz 1915

viert sind. Bei den „Neujahrsblattlan" handelt es sich um einen Brotteig, der mit Mohn und Schmalz gebacken ist, oder um einen Germteig, der im Schmalz ausgebacken wird und auf den Mohn und wieder Schmalz kommen.

Mit Neujahr beginnen jene Tage, an denen man daran denkt, dass eigentlich Verwandte, Freunde, Bekannte oder andere Personen höflichkeitshalber besucht werden sollten. Da haben sich nun die Tiroler in Städten und größeren Orten, denen das Besuchen (und wahrscheinlich das Besucht-Werden ebenso) anscheinend lästig war, um 1820 etwas einfallen lassen, um nicht überall hingehen zu müssen, wo es die Pflicht vielleicht verlangt hätte. Der Erwerb einer „Neujahrs-Entschuldigungskarte", die in der Presse veröffentlicht wurde, sollte die „Besucherei" überflüssig machen. Heute werden solche Entschuldigungskarten im sudostlichen Tirol wieder gern benutzt, wobei der Brauch aber hauptsächlich in Lienz lebendig ist. Doch haben sich in den letzten Jahren auch die Bürgermeister der anderen Gemeinden Osttirols angewöhnt, eine Art Entschuldigungskarte im „Osttiroler Boten" zu veröffentlichen, um allen Mitbürgern ein gutes neues Jahr zu wünschen. Dies ist freilich eine feine Geste, zumal sie ja kaum jeden einzelnen besuchen könnten.

Raunächte: Raue Nächte zum Räuchern

Der Jänner ist wohl der kälteste Monat in Osttirol und Südtirol. Eingebettet zwischen Isel und Drau fällt das Thermometer in Lienz oft weit unter minus zehn Grad. In den engen Seitentälern des Bezirkes prägen steil abfallende Lawinenhänge und durch die Schneemassen umgeknickte Bäume das Landschaftsbild. In den letzten Jahren verschlossen nicht selten Lawinen am Felbertauern den nördlichen Zugang zur „Außenwelt".

Vielleicht ist es diese Abhängigkeit gegenüber der Natur und ihren Gewalten, die die Osttiroler so sehr an ihren Gepflogenheiten festhalten lässt. Wenn man auf Gedeih und Verderb ausgeliefert ist, „braucht" man eben etwas: ein „Brauchtum". Hauptsächlich beruht die Pflege des Brauchtums aber wohl mehr auf dem „katholisch-konservativen" Beharrungsmoment.

Schon kurz nach Neujahr zelebriert man in allen Gemeinden Osttirols den ersten alten Brauch. Am Vorabend des Dreikönig-Tages, am 5. Jänner, räuchern die Einheimischen zum letzten Mal während der Raunächte ihre Häuser. Dadurch sollen böse Geister des vorangegangenen Jahres ausgetrieben werden. Alles, was im Vorjahr schlecht gewesen war, sollte das neue Jahr nicht

Vorbereitungen zum Räuchern

weiter bestimmen. Nebenbei will man dadurch die „Perchte", im Lienzer Talboden auch „Schwingshackl" genannt[1], bannen.

Die „Perchte" ist nicht, wie in vielen Teilen Österreichs dargestellt, ein „Krampus" oder „Klaubauf", sondern eine alte, borstige Hexe mit roten Augen, die in den Wäldern oder unter Brücken wohnt und mit den Seelen ungetaufter Kinder durch die Raunächte zieht. Durchströmt das Haus der frische „Duft" von Weihrauch, bleibt ihr der Eintritt verwehrt. Sollte man, aus welchem Grund auch immer, darauf vergessen haben, empfiehlt es sich, den Küchentisch reich zu decken und sich dann schlafen zu legen. In einigen Osttiroler Gemeinden stellt man einfach Brot und Wasser vor die Tür. Nur so kann die Percht' und ihre Schar ungetauft verstorbener Kinderseelen besänftigt werden. Jedoch ist diese Methode laut Volksmund nicht sehr ratsam. Aufgrund der Bewirtung kehrt der unheimliche Hexenzug nämlich alljährlich zurück.

Worauf der Name Raunacht zurückzuführen ist, kann nicht mehr mit eindeutiger Sicherheit gesagt werden. Dennoch gibt es Erklärungsversuche. Da die Häuser und Ställe anlässlich der Raunacht ausgeräuchert wurden, könnte der Name im Lauf der Jahrhunderte daraus abgewandelt worden sein.[2]

Eine andere Variante ist jedoch wahrscheinlicher. Aufgrund der pelz-umrahmten Masken oder der haarigen Gesichter der Perchtenmasken nann-te man diese im Althochdeutschen „ruh". Dies bedeutet soviel wie rau und haarig. Auch die Bezeichnung „Rauchwaren" für Pelze ist von diesem alt-deutschen Wort abgeleitet.[3]

Bei der Raunacht selbst wird in eine Pfanne oder einen anderen feuer-festen Behälter die Glut aus dem Ofen gegeben. Darauf breitet man Weih-rauch und Teile des am Palmsonntag geweihten Palmbesens aus. Es können aber auch andere geweihte Kräuter sein. Wichtig ist nur, dass die Zutaten ge-weiht sind.

Unter Gebet zieht man mit dem Behälter durch und um das Haus sowie den Stall und betet dabei den Rosenkranz. Angefangen wird im Keller. Dann geht man durchs Haus bis in den Dachboden. Erst danach folgen Geräte-schuppen sowie der Stall und andere Verbauten.

Im Haus soll zum Räuchern das „Vater Unser" und das „Gegrüßet seist du Maria" gebetet werden.

Hinter dem Vorbeter segnet eine zweite Person in vielen Osttiroler Gemeinden mit Weihwasser jedes Zimmer. In anderen Orten beteiligt sich ein Großteil der Familie an dieser kleinen, privaten „Prozession".

Der Rundgang endet in der Küche, wo der letzte Weihrauch langsam verbrennt und von allen eingeatmet wird. Danach stellt man den heißen Behälter vor die Tür. Eine Teilnahme an den Raunächten wurde allen Familienmitgliedern nahe gelegt, da man bei Fernbleiben dies im Volksglauben mit dem Tode innerhalb des betreffenden Jahres bezahlen müsse.

Das Räuchern in der „Kinigsnocht" ist jedoch nicht der einzige Raunachttermin. Immerhin zählt der Volksmund zwölf solcher Räuchernächte. Begann man früher bereits am Thomastag, dem 21. Dezember[4], mit dem Brauch, so hat er sich inzwischen auf den 24. Dezember verlagert. Erst am 6. Jänner nehmen die Raunächte ihr Ende (Dreikönig: heute dritte Raunacht). Bis dahin soll man nach dem Feierabendläuten das Haus möglichst wenig bis gar nicht mehr verlassen, da sich in vielen dieser Raunächte sonderbare Dinge abspielen.

Die Perchte beginnt ihren unheimlichen Umzug durch das verschneite Osttirol nämlich nicht erst am 5. Jänner, sondern kriecht schon in der ersten Raunacht aus ihrem Versteck. Ab dem Heiligen Abend musste man sich daher hüten, zu später Stunde oder um Mitternacht an einem Stall vorbeizukommen, da die Tiere an diesem Abend die Fähigkeit zum Sprechen besitzen. Auch am Thomastag (nach altem Kalender), an Neujahr und in der Dreikönigsnacht verfügt das Nutzvieh über diese Fähigkeit. Jedoch ist man gut beraten, nicht darauf zu hören.

Zwar kann man dabei einerseits viel über die Zukunft erfahren, doch sobald man dies weiß, ist es auch schon um einen geschehen. Selbst das Beobachten solch einer Unterhaltung kann schlimm enden.

Laut einer Osttiroler Legende wollte ein Bauer diesem gespenstischen Treiben beiwohnen und wartete hinter einer Holzwand, bis es spät war. Um sich zu überzeugen, dass wirklich die Tiere in seinem Stall miteinander redeten, schaute er durch einen schmalen Schlitz, der sich in der Holzwand befand. Gespannt harrte der Bauer des Treibens und ein kalter Schauer glitt ihm über den Nacken, als er die Kühe sprechen hörte. Zu seinem Entsetzen waren die Tiere jedoch nicht alleine im Stall, sondern unterhielten sich mit der „Percht" über die Gewohnheiten des Bauers.

Zu seinem Glück wussten die Kühe nur Gutes über ihn zu erzählen. Trotzdem witterte die Perchtl den Landwirt und schlurfte zu dem Holzspalt, durch den der Bauer blickte. Da die Kühe unter dem Bauern nicht leiden mussten, fiel auch die Strafe der Perchtl nicht tödlich aus. Mit einer Handbewegung strich das borstige Weib über den Holzspalt und murmelte etwas. Von diesem Zeitpunkt an war der Bauer blind.

Erst durch einen Priester wurde er darauf aufmerksam gemacht, dass er sich genau ein Jahr später um die gleiche Zeit am selben Ort befinden müsse, um geheilt zu werden. Dies tat er dann auch, und wie vorhergesagt kam die Perchtl vorbei, murmelte einen Spruch und wischte mit der Hand in die andere Richtung. Von da an konnte der Bauer wieder sehen. Den Stall hat er in den Raunächten jedoch nie wieder betreten.

„Ich selbst musste als Kind immer mit einem heißen alten Bügeleisen in die entlegensten Häuser meines Heimatdorfes gehen, um für meine Großtante Anna und unsere Nachbarn die Raunacht zu zelebrieren. ‚Versüßt‘ wurde mir der unheimliche Gang durch die finsteren Straßen durch die Erzählungen meines Cousins, der nie etwas Besseres wusste, als mir die Geschichten über die Perchtl und den Teufel zu erzählen. Passend dazu nannten die Kinder im Dorf das kleine Haus meiner Großtante immer ‚'s Hexenheisle‘, wodurch mein Gottvertrauen zwar flüchtig stärker ausgeprägt war als normal, aber dennoch zu dürftig erschien.

In Rekordzeit umkurvte ich daher immer Haus und Hof der mir aufgetragenen Familien und ‚radelte‘ die Gebetsverse nur so herunter. Auf dem Heimweg mied ich die zahlreichen Bauernhöfe, da in so mancher Raunacht die Tiere sprechen können und das für den lauschenden Menschen oft tragisch enden kann. Erst als ich, völlig in eine Weihrauchwolke gehüllt, zu Hause ankam, beruhigte sich mein Herzschlag wieder. Passiert ist mir in all den Jahren zwar nichts, aber ich war froh, als dieser Kelch aus Altersgründen endlich an mir vorüberging." (B. L.)

Dreikönig

Die Drei Könige oder Drei Weisen aus dem Morgenland haben schon immer die Christenheit tief beschäftigt. Ihnen haftete etwas sehr Exotisches an, dazu noch etwas Geheimnisvolles, denn wie konnten sie als offenbar einflussreiche Männer unendlich weite Strecken zurücklegen, nur um ein kleines Kind zu finden, das in einer Krippe geboren wurde? Um dem Kind huldigen zu können, folgten sie einem Stern, der sie leitete. So erkannte man in ihnen Sterndeuter und verehrte sie als Propheten, obwohl kaum etwas über sie bekannt ist, denn die Angaben in der Bibel sind spärlich und mysteriös. Ungeachtet dessen oder vielleicht gerade deswegen wurden sie zum Vorbild der Gott suchenden Christen.

Nach einem Bericht des hl. Chrysostomus seien die Drei Könige später vom Apostel Thomas getauft worden und hätten in ihren Ländern selbst das Evangelium verkündet.[5]

Trotz des geringen Wissens über die fremden Magier griff die Verehrung für sie schon früh besonders in Tirol, aber auch im übrigen Alpenraum, ja im ganzen Heiligen Römischen Reich Deutscher Nation stark um sich. Heinz Wieser schreibt darüber: „Seit 1162 werden die Weisen aus dem Morgenland in Deutschland besonders verehrt. Damals schenkte Kaiser Friedrich Barbarossa dem Kölner Erzbischof und Reichskanzler Reinald von Dassel ihre Gebeine. Reinald durfte sie aus dem besiegten Mailand nach Köln bringen. Die Könige erhielten einen begeisterten Empfang."[6]

Ein in der katholischen Kirche heute sehr verbreiteter, in den Alpenländern schon seit Jahrhunderten nachgewiesener Brauch baut auf dem Bericht der Bibel auf: das Sternsingen. Als Könige verkleidete Kinder oder Erwachsene mit Gefolge kommen in die Häuser, um einige schöne Lieder vorzutragen und für gute Zwecke zu sammeln. Das Dreikönigssingen dient heute vor allem der Missionierung und wirtschaftlichen Hilfe in der so genannten „Dritten Welt", für die viel gespendet wird. Wie im „Osttiroler Boten" vom

Sternsinger in Kartitsch, 1963

Sternsinger in Innervillgraten

6. Jänner 2000 zu lesen war: „Rund 50.000 Kinder sind in diesen Tagen zwischen Neujahr und Dreikönig mit dem Sendungsauftrag der Katholischen Jungschar Österreichs unterwegs."[7] Die Tiroler Sternsinger haben in den letzten Jahrzehnten schon (umgerechnet) viele Millionen Euro für notleidende Gebiete gesammelt. Dieser Brauch wird im südöstlichen Tirol eifrig gepflegt.

Am Dreikönigstag wird vom Pfarrer in der Messe Wasser und Kreide geweiht, so z.B. in Strassen, in Kartitsch oder auch in Sexten, wobei man diesen Brauch aber in manchen Osttiroler Gemeinden zumindest in der Bevölkerung kaum mehr zu kennen scheint. In Abfaltersbach wird hingegen zwar das Dreikönigswasser geweiht, doch teilte man uns mit, dass es nicht allzu viele Leute abholen. Vielleicht ist das eine allgemeine Tendenz, denn wir können Ähnliches noch bei etlichen anderen Bräuchen feststellen.

Mancherorts wird auch die Kreideschrift des Vorjahres weggewischt, und mit neuer, geweihter Kreide werden die Buchstaben C+M+B darüber gemalt.[8] Dies sind nicht, wie der Volksglaube meint, die Initialen der Heiligen Drei Könige Kaspar, Melchior und Balthasar, sondern wohl eher die Anfangsbuchstaben der Wörter „Christus mansionem benedicat", was so viel bedeutet wie „Christus segne dieses Haus".

Sternsinger in Abfaltersbach

Maria Lichtmess

Maria Lichtmess, der 2. Feber, war in früherer Zeit ein großer Tag für die Dienstboten: der Dienstbotenwechsel stand an. Man sprach von den so genannten „Schlangeltagen", an denen die Dienstboten mit einem Löffel am Hut herumgingen. Dieser Brauch ist allerdings längst abgekommen, da sich seit 50 bis 100 Jahren die sozialen Strukturen stark verändert haben, und er wird nur des Interesses wegen hier erwähnt.

Die Dienstboten hatten es freilich keineswegs immer so schön wie zu Maria Lichtmess. Oft führten sie ein eher trübseliges Dasein und waren vom Wohlwollen anderer abhängig. Bis vor dem Ersten Weltkrieg mussten z.B. in Prägraten die Dienstboten um Einwilligung des Bürgermeisters bitten, wenn sie heiraten wollten, denn man befürchtete, dass sie der Gemeinde zur Last fallen könnten, deren soziales Netz sich ohnehin schon auf manche „Sozialfälle" erstreckte. Bekam ein Dienstbote die Einwilligung zum Heiraten nicht, ging er ins Gasthaus, um sich zu besaufen. In Prägraten wird über einen solchen Fall berichtet: Ein Dienstbote wollte eine besonders dominante Magd heiraten, doch die Gemeinde erteilte ihm keine Bewilligung. Daraufhin sagte er zu anderen: „Jetzt hün' e gewellt mei Sindn bießen, aber die Gemeinde hot's nit gelössn."[9]

Mit Maria Lichtmess endet die weihnachtliche Festzeit. Daher wird nochmals eine abschließende Messe gefeiert und der Blasiussegen erteilt, wobei die Teilnehmer des Gottesdienstes zum Pfarrer kommen und jeder einzelne mit über Kreuz gehaltenen Kerzen und einem Spruch gesegnet wird. Der Segen soll vor Halskrankheiten, Fischgräten und ähnlichem schützen.

Früher, als das religiöse Brauchtum noch in weit umfassenderem Maße das alltägliche Leben auch in Osttirol regelte, hielt man sich weit strenger an den Ablauf des Kirchenjahres und achtete auch genauer auf dessen Perioden, die den heutigen Erwachsenen höchstens noch im Unterbewusstsein prägen. Dennoch gibt es weiterhin Bräuche, bei denen die Weihnachtszeit bis Maria Lichtmess eingehalten wird. So bleiben mancherorts die Weihnachtskrippen bis zu diesem Tage aufgestellt, etwa in der Kirche St. Andreas in Abfaltern (Gemeinde Abfaltersbach), wobei zwischen dem 24. Dezember und dem 2. Feber die Bilder bzw. Motive der Krippen mehrmals gewechselt werden[10]: Neuerdings kam noch die Herbergssuche am 15. Dezember dazu, ansonsten handelt es sich um „Christi Geburt und Anbetung der Hirten" (ab Heiligem Abend), „Einzug der Könige" (ab Sonntag vor Dreikönig), „Anbetung der Könige" (ab Dreikönig), „Hochzeit zu Kana" (ab zweitem Sonntag nach Dreikönig) und „Aufopferung/Darstellung im Tempel" (einige Tage vor Maria Lichtmess) – erst einige Tage nach Maria Lichtmess wird die Krippe abgebaut. Denn man hat es ja nicht so eilig, sich von der schönen Weihnachtszeit zu verabschieden.

Brauchtum in der Faschings-, Fasten- und Osterzeit

Wenn man feiert, um zu sehen wie närrisch das ist

Wer an der Osttiroler Faschingszeit teilnimmt, wird bald bemerken, wo die Hochburgen des Narrentreibens sind. In Lienz, Sillian und Matrei treiben es die Faschingsfreunde auf den Höhepunkt. Doch auch in den restlichen Gemeinden Osttirols wird der „narrischen Zeit" mit „Gschnaßen" und Bällen alle Ehre zuteil.

Speziell Sillian glänzt Jahr für Jahr mit einem Faschingsumzug und mit ausverkauften Faschingssitzungen. „Rante Putante" heißt es dann immer wieder, und die Vorkommnisse des vorangegangenen Jahres werden durch den sprichwörtlichen „Kakao gezogen". Dass dabei neben gesamtösterreichischen Themen besonders Panzendorf, Lienz und Matrei auf der Spottliste stehen, ist in „Sillga" (Sillian) Ehrensache. Allerdings hinkt das Lienzer Faschingstreiben in den letzten Jahren jenem der beiden Marktgemeinden noch ein wenig hinterher. Deshalb „stänkern" die Sillianer lieber über die Matreier Umzüge. Freilich auf amüsante und keineswegs verletzende Weise.

Fasching in Matrei i.O.

Fasching in Sillian

So tätigt man in Sillian zum Beispiel gerne den Spruch: „Die Motreier wellen die greaschten Faschingsumzüge hobm, ollerdings kennen se sich den lei olle zwa Johre leischten." Dabei spielen sie auf die Tatsache an, dass die Themenvielfalt im Oberland jedes Jahr einen neuen Faschingsumzug zulässt. In Matrei findet diese von der Musikkappelle organisierte spöttische Parade hingegen nur alle zwei Jahre statt. Bis zu den Umzügen bleibt natürlich alles streng geheim, und auch wenn noch der größte Schwätzer und die eifrigste „Fratscheltante" dabei ist, ist es dennoch für einen Außenstehenden nicht möglich zu erfahren, welches Thema die jeweilige der zahlreichen Gruppen aufs Korn nimmt. Natürlich bleibt es da nicht aus, dass viele Themen mehrmals behandelt werden.

Bei beiden Umzügen tummeln sich jedoch Tausende von Schaulustigen und kommen oft aus dem Lachen nicht mehr heraus. Ganze Teile des Ortes sind für den Verkehr gesperrt und bieten den Menschenmassen Platz. Viele der Neugierigen tragen selber Kostüme, und vor allem die Kinder sind nur in den seltensten Fällen in „ziviler" Straßenkleidung zu sehen.

Die Umzugsteilnehmer bilden in ihren Masken natürlich ein farbenfrohes Bild, und von ganzen „Zulu-Stämmen" über „Dalmatiner-Kinder" des Kindergartens oder Besatzungen von Piratenschiffen bis hin zu „Rittern der

Lauter hübsche Mädchen

große Aufregung – kleine Fehler

Faschingsspiele in Sillian

Kokosnuss" ist alles vertreten. Natürlich auch die Fehler, die die heimischen Politiker zu verantworten hatten. Im Fasching sind die Narren gnadenlos. Denn wie schon ein altes Sprichwort besagt: „Es ist besser, einer Bärin zu begegnen, der die Jungen geraubt sind, als einem Narren in seiner Narrheit." Allerdings stellen die Osttiroler ihre „Opfer" nicht bösartig an den Pranger.

Nachdem in Lienz eine lange „faschingsfestfreie Zeit" auf dem Hauptplatz herrschte, führte die Stadtgemeinde 1998 wieder ein Narrenfest ein, das immer größeren Zulauf erhält. Auch hier sind mehrere tausend Menschen auf den Beinen, um sich das Spektakel nicht entgehen zu lassen.

In Sillian gibt es noch eine Besonderheit. Dort wird nämlich einer Hexe der Prozess gemacht. Alle Schandtaten, die man über das ganze Jahr verfolgt hat, werden der Hexe als dem personifizierten Bösen zum Vorwurf gemacht und vom „Hohen Gericht" aus der Anklageschrift verlesen. Das Urteil ist jedes Jahr für die Hexe dasselbe und lautet nicht sonderlich überraschend: „Auf den Galgen, Feuer, aus." Nur wenige Augenblicke später baumelt die Stroh- und Lumpenfrau am Strick und wird durch das unter ihr lodernde Feuer verbrannt. Damit lösen sich alle Schandtaten des Vorjahres im wahrsten Sinne des Wortes „in Rauch auf".

„Hexenverbrennung" in Sillian

Besonderer Beliebtheit erfreuen sich neben den Umzügen auch der vorhergehende Faschingsball in Matrei und eben die Faschingssitzungen in Sillian. Werden in Sillian die Zuschauer oft mit einem Feuerwerk an Scherzen und einer Reihe von „Sketches" verwöhnt, nähen und schneidern sich die Iseltaler in aller Abgeschiedenheit ein Kostüm und präsentieren dieses erst beim Matreier Faschingsball. Auf der Veranstaltung feiern sich die Kostümierten mit Speis, Trank und Tanz selbst. Der Höhepunkt des Abends ist die Preisverleihung für die schönsten Kostüme.

Der Faschingsbrauch besteht jedoch nicht nur aus den Tagen vom Unsinnigen Donnerstag bis zum vollendeten Faschings-, oder auch Fastnachtsdienstag, sondern beginnt am 11.11. um 11.11 Uhr. Die Zahl Elf gilt zwar seit Jahrhunderten als Narrenzahl, aber erst zwischen den beiden Weltkriegen hat sich dieses Datum als Starttermin für die Faschingstage eingebürgert. Ehrlicherweise muss man dazu sagen, dass dieses Datum aber nicht großartig gefeiert wird.

Diese Tage der Ausgelassenheit und des Feierns beziehen ihren Sinn aus der ab Aschermittwoch folgenden Fastenzeit. Da die Zeit des Fastens die Zeit des Geistes und der Vorbereitung auf Leiden, Sterben und Auferstehung Christi ist, spielt man in der Fastnacht (Faschingsdienstag) vor dem „Ascher-

Altes Virger Fastentuch von 1598, Museum Schloss Bruck, Lienz

mittwoch" sprichwörtlich verrückt. Davon sind im engeren Kreis jedoch nur sechs Tage gemeint: Vom Unsinnigen Donnerstag, auch Weiberfastnacht genannt, Faschingssonntag, Rosenmontag (erst seit 1823) bis Faschingsdienstag ("Faschingserchtig"). Eine Faschingsbezeichnung für den Freitag und den Samstag gibt es nicht, da am Freitag vor Estomihi (siebter Sonntag vor Ostern) keine Fastnacht gefeiert wurde. Als Gedächtnistag des Todes Jesu stand er nicht zur Disposition, somit existiert keine althergebrachte Bezeichnung. Dasselbe gilt für den Samstag vor dem „großen Fastnachtsonntag", eben dem siebten Sonntag vor Ostern.[1]

Dennoch sollte bis zum Faschingsdienstag kräftig gefeiert werden, denn damit wird der Fasching das Gegenstück zur Fastenzeit darstellen. Er ist eine Zeit der Diesseitsorientierung und des Fleisches. Der Gläubige soll bei diesem närrischen Treiben erkennen, wie närrisch die Rolle als Gottesleugner ist, indem er in die Maske der Gottesfeinde wie Teufel oder Hexe schlüpft. Genauso wie die Leute in früherer Zeit nach den strengen Fastenregeln leben und während der enthaltsamen Zeit auf Fett, Fleisch, Milch, Butter, Käse, Eier und vieles mehr verzichten mussten, waren sie in der Faschingszeit dazu angehalten, dies alles im Überfluss zu genießen. Eigentlich dürfte nach solchen Gesichtpunkten nur derjenige Fastnacht feiern, der

Heiliggrab in Kartitsch

29

wirklich dann auch vierzig Tage und Nächte fastet und sich auf Ostern vorbereitet.

Warum die Fastenzeit an einem Mittwoch beginnt, ist ebenfalls belegt. Als nämlich die Synode von Benevent 1091 die Sonntage in der Fastenzeit als Gedächtnistage der Auferstehung Jesu vom Fasten ausnahm, rückte der Beginn der Fastenzeit um sechs Wochentage vor. Die Fastnacht endet seitdem am Dienstag nach Estomihi, und die Fastenzeit beginnt mit dem folgenden Mittwoch, dem Aschermittwoch.

Vierzig Tage und Nächte zu fasten schaffen zwar nur mehr die wenigsten, aber am Aschermittwoch findet man in jenen Osttiroler Gemeinden, die nach der Tradition leben, kein Fleisch zum Verkauf. Selbst wenn man in ein Fleischwarengeschäft kommt und sich eine Wurstsemmel oder „Fleischkassemmel" bestellt, weist einen das Verkaufspersonal meistens darauf hin, dass an diesem Tag ein Fastentag sei.

Heiliggrab in Sillian, 1960

Aschermittwoch und Fastenzeit

Viele Menschen feiern den Fasching am „Faschingserchtig" bis tief in die Nacht hinein, bis spät nach Mitternacht. Doch am nächsten Tag kehrte zumindest in früherer Zeit Stille ein. Heute ist dies etwas weniger der Fall, da fast jedermann dann in seinem gewohnten Alltag den beruflichen Pflichten nachgeht. Trotzdem finden viele Menschen am Abend des Aschermittwoch die Zeit, in die Kirche zu gehen und sich nach der Messe ein Aschenkreuz aus der Asche verbrannter Palmbesen auf die Stirn zeichnen zu lassen, zur Erinnerung an die Vergänglichkeit des menschlichen Daseins und an die Notwendigkeit, sich immer wieder neu auf das jenseitige Leben vorzubereiten. In der Fastenzeit finden kein Tanz und keine Lustbarkeit statt; zumindest galt das früher, heute wird es selbstverständlich vielfach durchbrochen, besonders in Lienz.

Palmsonntag

Mit dem Palmsonntag ist der Höhepunkt der Fastenzeit, der Beginn der Karwoche, erreicht. Wird vorher hauptsächlich an die 40 Tage des Fastens Jesu in der Wüste erinnert, so folgt nun das Gedenken an die Tage des bejubelten Einzugs von Jesus in Jerusalem und seinen tiefen Sturz: vom „Hosianna" zum „Crucifice". Der Palmsonntag steht hier für den Jubel und die Hochrufe, das Hosianna, ohne dass das nächste Geschehen ausgeblendet würde, das vielmehr schon in der Palmsonntagsbotschaft enthalten ist.

In Osttirol hat sich, wie in vielen Gemeinden des alpenländischen Raums, bis heute die Palmprozession erhalten, deren Sinn es war, dass die Bevölkerung ihre Nachfolge Christi unter Beweis stellt. In Erinnerung an den Einzug des Herrn auf einem Esel, was als bewusste Selbsterniedrigung gemeint war, in Abhebung von stolzen Reitern auf Pferden, hat sich die Teilnahme eines echten Esels in manchen Orten wieder durchgesetzt, so in Lienz in der Pfarre Hl. Familie. Früher führte man mancherorts einen Holzesel mit, doch findet man diesen heute vermutlich nur noch in Thaur in Nordtirol. In Matrei i.O. (damals Windisch-Matrei im Erzbistum Salzburg) hat man früher einen Holzesel mitgeführt, doch wurde dieser in der Zeit des Josephinismus verboten, da Kaiser Joseph II. im Rahmen des aufgeklärten Absolutismus viele alte Volksbräuche mit Verbot belegte, die nun als Aberglauben oder fehlgeleitete Frömmigkeit galten. Entsprechend handelte man im Erzbistum Salzburg. Darüber berichtet die 1873 bis 1889 vom Vikar Matthias Hofmann geschriebene „Chronik von St. Veit i.D.":

Palmsonntagsprozession mit Esel in Lienz

„Das Consistorium wisse zuverlässig, dass es an manchen Orten noch gebräuchlich sei, am Palmsonntag noch den Palmesel herumzuführen, und die Vorstellung von der Himmelfahrt Christi und von der Ankunft des Hl. Geistes zu feiern; diese und ähnliche Missbräuche wolle hochfürstlich Gnaden abgestellt wissen (Prot. Decr. Pag. 52).

In den Vierziger Jahren dieses gegenwärtigen Jahrhundertes² führte oder zog man zu W.Matrei den Palmesel am Palmsonntage noch um den Friedhof herum. Er war aus Holz von der Größe eines Kalbes, stand auf einem Brette, darunter vier Scheibenräder. Sobald die Priester nach der Palmweihe außer die Kirche kamen und die Procession um die Kirche zu machen, rückte der Palmesel vor und um die Kirche herum, und die muntere Matreier Jugend mit dem Palmbesen sprang vor und sprang nach und hatten ihren lieben Jux mit dem Esel; der alte Punz vom Markte zog ihn. – ‚Gar nicht übel, sagt der Stotz zum Kübel.‘

In St. Veit scheint der Palmesel nicht in usu gewesen zu sein, wenigstens wissen die Leute nichts davon.

Die Himmelfahrts-Caeremonien und die Herablassung des Hl. Geistes finden hier noch heute wie in den meisten anderen Orten statt; und dies ist auch nicht zu tadeln."³

Mittlerweile ist der Palmesel verschwunden, und auch die in der Chronik genannten Bräuche des Hochziehens der Figur am Christi-Himmelfahrtstag sowie der Herablassung des Heiligen Geistes in Taubenform zu Pfingsten (jeweils an einem Seil aufgehängt und durch die Kirchendecke hochgezogen bzw. herabgelassen) sind in St. Veit, doch nicht nur dort, schon lange außer Gebrauch.

In Innichen wurde der Palmesel bis 1890 mitgeführt. Er hatte ein „Lugg" (Behälter) am Buckel, und mit ihm zogen die Ministranten durch den ganzen Ort, um darin Geld oder Brot zu sammeln.

Immer noch gepflegt wird der Brauch der Palmweihe, wobei man den geweihten Palmkätzchen zutraute, Kraft gegen zahlreiche unheilvolle Ereignisse zu entwickeln. Besonders sollten sie die Menschen vor gefährlichem Wetter schützen; daher war bei Unwetter ein Palmkätzchen zu schlucken. Manchmal geschah das bereits am Palmsonntag. Kam der Vater mit dem geweihten Palmbesen am Palmsonntag heim, dann wurde jedem Kind von der Mutter befohlen, ein geweihtes Palmkätzchen zu schlucken, damit der Blitz die Kinder im Sommer verschone. So berichtet es der Priester Johann Bergmann, der vier Jahrzehnte in Kalkstein im Villgratental wirkte, in seinen Aufzeichnungen aus der Zeit um 1935, wobei er hinzufügt: „Auch ich habe diese Medizin genommen, und das Palmkätzchen ist mir acht Tage lang im Hals stecken geblieben."[4]

Palmsonntagsprozession in Prägraten a.G.

In Prägraten a.G. werden Palmbuschen um das Anwesen getragen (Oberbichler Hof)

Wie in ähnlichen Fällen wurde der geweihten Pflanze sogar die Kraft zugeschrieben, vor Krankheiten zu schützen, wobei man gelegentlich auch glauben mochte, dass Hexen, die den Menschen Krankheiten anzuhängen versuchten, dadurch die Gewalt über die betreffenden Personen genommen wurde.

Am Acker legte man die am Palmsonntag geweihten Palmzweige und die am Ostersamstag geweihten Scheiter oft hinter ein Kreuz, um bei Gewittern die Feldfrüchte zu schützen. Dieser Brauch ist in Kartitsch noch heimisch. Außerdem werden oft bei schweren Unwettern die Palmzweige ins Feuer gegeben, um in großer Not Beistand zu finden.

In Prägraten trägt man die geweihten Palmbesen nach der Prozession, oft im Kreis der Familie, ums Haus, wobei der Rosenkranz gebetet wird.

Karwoche

In manchen Gemeinden des südöstlichen Tirol, besonders im Pustertal, findet man die Tradition der Heiliggräber, die heute wieder stärker aufzuleben scheint. Man sieht eine Figur des Heilands in einem Grab liegen, das an das Heilige Grab in Jerusalem erinnern soll. Ursprünglich sind die Heiliggräber auf Letzteres im Zusammenhang mit der Problematik der Eroberung Jerusalems in den Kreuzzügen zurückzuführen. Die Gegenreformation sah in ihnen ein wichtiges Mittel der Verbreitung und Vertiefung des katholischen Glaubens. Doch stellen sie auf jeden Fall große Kunstwerke dar, und man wird nicht bezweifeln können, dass sie im religiösen Empfinden der Bevölkerung stark verankert sind, obwohl sie Kaiser Joseph II. verboten hat. Heilige Gräber gibt es u.a. in Ainet, Anras, Abfaltersbach, Innervillgraten, Kartitsch (früher auch in der Fraktion St. Oswald), Lienz, Niederdorf, Obertilliach, Olang und Sillian sowie im Helenenkirchl bei Thurn.

In Sexten findet man noch eine Fastenkrippe im Hotel Mondschein. Dies war früher ein großer Brauch, der heute fast verschwunden ist.

Weniger verbreitet sind im südöstlichen Tirol die Fastentücher. Doch gibt es ein berühmtes Virger Fastentuch mit 42 Bildern, das aus dem Jahr 1598 stammt. Es wird allerdings nicht mehr in Virgen aufbewahrt, sondern in Schloß Bruck in Lienz.

Am Gründonnerstag („Weichnpfinstig") sagt man, „fliegen die Glocken nach Rom". Es handelt sich um ein Symbol für den Beginn der Leidenszeit Christi. Vielerorts werden die Glocken nun durch die Ratschen ersetzt, die zwar

Ratschen in Oberlienz am Karfreitag

Ratschen in Matrei i.O.

einen Höllenlärm machen, aber Ausdruck der Trauer sind. Jenen Jugendlichen, die die Ratschen bedienen, bereiten sie natürlich viel Freude.

In Oberlienz und Oberdrum ziehen die „Ratscherbuabn", zu denen heute auch viele Mädchen gehören, am Karfreitag schon in morgendlicher Frühe
durch die Straßen, wecken die Dorfbewohner und sammeln für gute Zwecke.
Zu Mittag treffen sich viele von ihnen im Turm der Pfarrkirche von Oberlienz, wo sie nun anstelle des Zwölfeläutens ein abschließendes Ratschen-
konzert veranstalten.

In ganz Tirol berühmt ist ein Brauch, der in Niederdorf im oberen Pustertal ausgeübt wird: Hier führt man das Passionsspiel „Tragoedia vom Leiden und
Tod Christi" auf, eine Art Mysterienspiel. Albert Kamelger schreibt hierüber:

„Traditionsgemäß erlebte der Gläubige im Tiroler Raum das ‚Leiden-Chris-
ti-Spiel' in der Karwoche (Karfreitag). Aber Pfarrer Perathoner wich von diesem Brauch ab und setzte eine Wiederholung bzw. Fortsetzung für den Sonntag nach Ostern (‚Domenica in albis') fest.

Dazu verfasste er eigens einen 5. Akt ‚oder Zusatz, wan die Tragedi nach
ostern exhibiert wird' und bereicherte das Spiel mit den Szenen über die Auferstehung:

1. ‚Urständ Christi' (der Grabbesuch der Frauen)
2. ‚Die drey Frauen besuchen das Grab'
3. ‚Die Wachen werden zum Lieben bestochen' (die Bestechung der Grabwächter)
4. ‚Zwo Jünger gehen gen Emaus' (ein Emmausspiel)
5. ‚Christus erscheint den Aposteln' (Sendungsauftrag an die Apostel) und schließt mit der Freude über die Auferstehung.

Damit liegt mit etwas mehr als über 4200 Versen hier das umfangreichste Passionsspiel Tirols aus dem 17. und 18. Jahrhundert vor."[5] Auch in Sillian besteht eine alte Tradition des Passionsspiels.

Interessante Bräuche hat St. Veit i.D. vorzuweisen. Hier besitzt man seit Jahrzehnten einen „Leidenskübel", eine Art außen bemalte und von innen her beleuchtete Laterne, die sich permanent dreht. Auf ihr sind Szenen der Leidensgeschichte Christi dargestellt. Über die Ursprünge scheint man sich nicht mehr so recht im Klaren zu sein. Des Weiteren besitzt man nicht nur ein großes Ostergrab, sondern dieses wird auch auf feierliche Weise nach der Karfreitagsmesse unter den Klängen eines Trauermarsches, den die Musik-

Leidenskübel in St. Veit i.D.

37

Schützenwache vor dem Heiliggrab in der Kirche in St. Veit in Defereggen

kapelle spielt, von einer Schützenformation in die Kirche getragen und anschließend durch die „Schützenwache" bewacht, wobei eine Abordnung der Schützenkompanie die Wachhabenden stellt. Später sind es kleinere Gruppen der Abordnung, die sich ablösen, bis am Abend wieder die ganze Abordnung die letzte Wache gemeinsam übernimmt.

Eine „Schützenwache" hat es bis zum Ersten Weltkrieg in Sexten ebenfalls gegeben. Doch waren dies aktive Soldaten, nämlich Festungsartilleristen der Werke (Forts) Mitterberg und Heideck.

Die Karfreitagsliturgie findet man in Osttirol in der üblichen Form, wobei auch die Kreuzverehrung durchgeführt wird. Danach folgt in der Regel eine Zeit der Stille und des Gebets, die sich nicht selten bis zum Abend des Karsamstag hinzieht.

Übergang zum Osterfest

In Thurn versammelt man sich bereits am Nachmittag des Karsamstags, um zum Helenenkirchl zu pilgern, wohin auch viele Lienzer wandern. Unter re-

ger Anteilnahme der Bevölkerung gestaltet dort der Pfarrer einen Wortgottes-
dienst mit Brotweihe. Daran anschließend können sich die Teilnehmer der
Feier an den gespendeten Broten gütlich tun. Die vorgezogene Feier, musi-
kalisch gestaltet vom Lienzer Sängerbund, die schon mehr an Ostern erinnert, wurde nicht von allen Geistlichen gern gesehen. Vor Jahren hat einmal
ein Mönch diese Andacht gehalten und dabei sehr dagegen „gewettert“. Das
brachte aber die Bevölkerung gegen ihn auf, und die Auferstehungsfeier findet bis heute am Karsamstag statt.[6]

In allen Pfarren wird am Karsamstag eine Speisenweihe vorgenommen.

Die Osterbräuche sind dadurch gekennzeichnet, dass sich hier altes religiöses Brauchtum mit neuerem nicht-religiösen Brauchtum verbindet, wobei
aber Letzteres schon einen recht hohen Stellenwert angenommen hat.

Beginnend mit der Osternacht, am späten Abend des Karsamstags, wird
das Ende der Leidenszeit Christi gefeiert und z.T. symbolisch nachvollzogen
sowie durch das Vortragen von biblischen Texten in die Erinnerung zurück-
gerufen. Oft wird vor der Kirche ein Osterfeuer entfacht, bei welchem der
Pfarrer eine Kerze anzündet und dann das Licht in die Kirche bringt. Nun
werden mit dem Licht die Kerzen, die die Menschen in der Hand halten, angezündet. Diese eigentliche Auferstehungsfeier dauert länger als gewöhnliche
Messen, da die Liturgie ausgeprägter ist.

In Sillian gibt es den Brauch, dass man einzelne Scheiter des Osterfeuers
mit nach Hause nimmt, um sie dort zu verbrennen oder aufs Feld zu tragen.[7]

Alles ist in Festtagsstimmung, viele Kinder freuen sich am Morgen des
Ostersonntags auf die Eiersuche, und manche bekommen Geschenke. Der
Osterhase, ein Fruchtbarkeitssymbol, ist erst in jüngerer Zeit in Osttirol eingezogen. Zwar legen Hasen bekanntlich keine Eier, aber das kann die Fest-
freude der Kinder nicht trüben, wenn sie ein Nest suchen und schließlich
auch finden.

Am Morgen findet auch das von einem Chor oder Orchester mitgestalte-
te feierliche Hochamt statt, das oft sogar von Menschen besucht wird, die
schon am Abend des Karsamstags am Gottesdienst teilgenommen haben.
Meist wird hierbei die Weihe der Speisen vorgenommen.

*In Olang gab es um die Speisenweihe einen recht seltsamen Brauch. Es hieß:
Die Bäuerin, der es gelingt, als erste mit dem geweihten Korb aus der Kirchtür
herauszutreten, wird als Erste mit der Feldarbeit fertig sein. Da dies immer als
Wettstreit gesehen wurde, war es wichtig, sich diesen frühen Vorteil zu ver-
schaffen. So kam eine gewisse Frau (mittlerweile verstorben) immer als Letzte*

*Speisenweihe
in Innervillgraten*

mit ihrem Korb in die Kirche, um dann als Erste herauszukommen. Dazu ging sie nicht bei der großen Kirchtür hinaus, sondern sie benutzte die kleine Kirchtür, da das der schnellere Weg war. Eines Tages spielten ihr einige einen Schabernack und schlossen die kleine Kirchtür ab. Am Ende der Messe ergriff sie den Korb und kam zur kleinen Kirchtür. Als sie mit Schrecken merkte, dass diese verschlossen war, rüttelte sie verzweifelt daran. Das hat bei anderen Kirchgängern wohl eine gewisse Schadenfreude ausgelöst, denn sie haben sehr gelacht.[8]

In Virgen war der Ostersonntag früher ein wichtiger „Toutntag", an dem die „Toute", also die Taufpatin, kam und ihrem Patenkind etwas schenkte. Obwohl es schon etwas in Vergessenheit geraten ist, werden auch in heutiger Zeit noch manchmal so genannte „Gebildbrote" geschenkt, die zuvor vom örtlichen Bäcker in mühevoller Arbeit angefertigt wurden. Dabei kann es sich um Hennen oder Hasen aus Weißbrotteig (bzw. „fir de ganz Bessern", wie man

„Toutntag" in Virgen (in manchen Gemeinden auch „Gotltag")

Gebildbrote werden an die Kinder verteilt.

im Volksmund sagt, um Briocheteig) handeln, doch auch Brezen werden vergeben.

Beim Mittagessen darf man nicht gestört werden, ist doch der Ostersonntag ein hoher Feiertag. Natürlich sind solche Bräuche heute eher im Abklingen, aber Besuche werden stets lieber auf den Ostermontag verschoben.

In Kartitsch wird heute noch am Ostersonntag Geweihtes gegessen und ein Palmkatzl geschluckt, damit man selbst geweiht ist.

In Olang wurden früher geweihte Ostereier übers Haus geworfen, wie Reinhard Bachmann von seinem Vater erfuhr. Wenn man als schlechter Werfer das Ei nicht ganz über den First brachte, so hieß es, konnte der Blitz ins Haus einschlagen. Das Ei durfte man dann auch nicht mehr essen, sondern man musste es dort eingraben, wo es niedergefallen war. Diesen Brauch hat man auch im ladinischen Enneberg gepflegt.[9]

Einem besonderen Osterspaß gehen manche Jugendlichen und Erwachsenen nach: dem Eierpecken. Dabei werden gefärbte Ostereier mit den Spitzen gegeneinander geschlagen, bis eines bricht. Das „Sieger-Ei" kann zu weiteren Kämpfen verwendet werden. Diesen Brauch findet man z.B. in Matrei[10], wo er als das „Geffen" bezeichnet wurde; in Innichen spricht man vom „Gaggele Guffen", in Kartitsch vom „Gurtsch'n".

Eierpecken am Strumerhof, Matrei i.O.

Weiße Wolle gegen den schwarzen Tod

Im 17. Jahrhundert überschattete eine schwere Krankheit das Land Tirol. Auch das Virgental war von dieser unheilvollen Seuche betroffen. Seit ca. 1634 war die Haut vieler Einheimischer von schwarzen, eiternden Pusteln übersät. Diese wurden immer größer und brachen nach einiger Zeit auf. Es dauerte nicht lange, bis die qualvolle Krankheit die ersten Leben dahinraffte.

Die Einheimischen waren zwar noch nicht viel in der Welt herumgekommen, doch sie wussten genau, wer in ihr Dorf gekommen war: die Pestilenz, wegen der dunklen Hautpusteln auch der „schwarze Tod" genannt.

Da in ganz Tirol bereits jeder Dritte von der Pest dahingerafft worden war, wussten sich die Virger und Prägratner keinen anderen Rat mehr, als alle Heiligen um Hilfe und Errettung anzuflehen. Die Schutzengel schienen jedoch zu ruhen und der schwarze Tod tobte weiter. Immer länger war der Weg der mit Menschenleibern gefüllten, aneinander gereihten Särge, und der Friedhof war bereits hoffnungslos überfüllt. Bis ins rund einen Kilometer von der Friedhofsmauer entfernte Niedermauern reihte sich laut der Legende Sarg an Sarg. Wie viele Menschen der Pest in den Jahren 1634/35 tatsächlich zum Opfer gefallen sind, kann man aufgrund der fehlenden Sterbebücher aus jener Zeit nicht mehr genau rekonstruieren. Der Sage zufolge errichteten die Überlebenden später beim letzten Sarg einen Bildstock, der auch heute noch an der östlichen Ortseinfahrt von Niedermauern steht.

Wie kamen die Menschen jedoch auf den Widder? Darüber gibt es einige Versionen. Im Inhalt sind sie sich allerdings ähnlich.

Als die Virger und Prägratener in ihrem Glauben zur Kirche „Maria Schnee" in Obermauern pilgerten, machte der Zug der Bittsteller Halt, um auf halbem Wege zu beten.[11] Plötzlich erspähten sie hinter den Zäunen den schwarzen Tod in Gestalt des Sensenmannes. Mit einem mächtigen Schwung hieb der dunkel verhüllte Knochenmann seine Sense in Richtung des Tales. Die Pilger beobachteten dies erschrocken und mussten tatenlos zusehen. Ihre einzige Möglichkeit bestand im Gebet.

Dies schien zu fruchten, denn gerade als der Sensenmann erneut zum Schwung ausholen wollte, stürmte ihm aus Richtung der Kirche her ein schneeweißer Widder entgegen. Wutentbrannt rammte das Tier dem schwarzen Tod seinen mächtigen gehörnten Schädel in die Seite.

Dieser versuchte sich mit seiner seuchenbehafteten Sense zu wehren, doch der Widder ließ sich nicht unterkriegen und holte erneut Schwung. Noch immer hielt der fahle Schnitter dagegen, doch beim dritten Stoß des Widders brach sein Knochengerüst in sich zusammen. Der Widder wachte noch eine Weile über dem Umhang des Sensenmannes, ehe er wieder ins Tal trottete. Gleichzeitig mit der Niederlage des Knochengerüstes endete auch die Pestepidemie in beiden Gemeinden.

Bei einer zweiten Version „raufte" der weiße Widder nach der Pestepidemie mit dem Teufel und blieb siegreich, woraufhin sich die Pest von den Gemeinden fernhalten musste.[12]

Um ihre Dankbarkeit auszudrücken, gelobten die Virger und Prägratener 1635, alljährlich einen schneeweißen, drei Jahre alten, ungeschorenen Widder in einer Prozession von Obermauern nach Lavant zu führen und dort zu opfern.

Joseph Andreas Hofmann (1810-1840 Pfarrer von Virgen) schrieb: *„Im Jahre 1635 herrschte in hiesiger Pfarre besonders zu Welzelach Grieß, Niedermauern und Pregratten eine schröckliche Menschenseuche, bey welcher Veranlassung der noch bestehende Krauzgang nach Lavant mit dem Opfer Widder verlobt wurde. Zum Andenken dieser Seuche baute man auch das Bildstökl von Niedermauern bey der Marter genannt auf."*[13]

Der Widder im Kampf gegen den Tod (alte Darstellung in Virgen)

In diesem Bildstöckl kann man, ebenso wie in der Wallfahrtskirche Maria Schnee in Obermauern, ein Votivbild bestaunen, auf dem der Brauch des Opferwidders nachgezeichnet ist. Unter der Heiligen Dreifaltigkeit mit Gott Vater, Gott Sohn und dem Heiligen Geist flehen die Gottesmutter Maria und Petrus um Beistand für die Menschen. Zwischen ihnen steht ein Paar in bäuerlicher Kleidung mit dem weißen Widder in der Mitte. Auf dem unteren Teil des Bildes sieht man eine Prozession, die von einem Widder angeführt wird und nach Lavant führt. Daneben ist auch noch der Kampf zwischen Tod und Widder zu sehen. Am Eckrand des Bildes kann man folgende Inschrift lesen: *„Zu der Pestzeit nach Lavant verlobt von den Gemeinden Firgen, Pregraten, 1635.“*

Allerdings schlich sich nach einiger Zeit ein gewisser Schlendrian ein. Die Pest war gebannt und der Fußweg nach Lavant mit 50 Kilometern sehr weit. Berichten zufolge schwand dem Gelöbnis mit der Zeit die „Popularität“, was jedoch Konsequenzen hatte. Denn bereits kurze Zeit später gab es in einigen Nachbargemeinden erneut Pestalarm.

Das Gelöbnis wurde erneuert und sollte zur Pfarrkirche in Lienz führen. In den „Osttiroler Heimatblättern“ von 1925 ist beschrieben, dass der Widder von dieser Idee nicht sonderlich begeistert war: *„Als der Widder über die Lienzer Pfarrbrücke geführt wurde, habe er sich losgerissen, sei in die Isel gesprungen und dann bei Lavant an Land geschwommen. In Lavant sei der Widder als ‚verlobtes Opfertier‘ selbst in die Kirche hinaufgegangen.“*[14]

Seit dem 15. Februar 1920 konnte der Widder jedoch anstellen, was er wollte, denn der Gemeinderat von Virgen und jener der Prägratner hatte beschlossen, *„(…) den Opferwidder statt unter Mühen und unter Spötteleien Auswärtiger nach Lavant zu liefern, lieber hierorts jährlich zu veräußern und den Erlös hiesiger ‚unserer‘ Ortskirchen (O. Mauern) zuzuteilen.“*[15]

Böse Zungen behaupteten auch, dass der Pfarrer mit dem unsittlichen Treiben des Prozessionszuges während der zwei Tage nicht mehr einverstanden war und deshalb eine nähere Route gewählt wurde. Zuvor hatte man es noch durch priesterliche Begleitung versucht zu unterbinden.

Der Spruch *„Beim Hinuntergehen heilig, heilig, beim Heraufgehen rauschig, rauschig“* zeugt heute noch von der Geselligkeit der oberen Iseltaler bei den Lavantern. Beim Rückweg sollen es sich einige der Prozessionsteilnehmer in den Oberlienzer Schupfen und Heustadeln „gemütlicher gemacht“ haben, als es der Klerus damals zu dulden bereit schien. Selbst Raufereien lösten hin und wieder die Gebete ab.[16]

Aufgrund dieser Erfahrungen behielt man sich auch noch weitere Änderungen des Brauches vor. Hatte man doch daraus und aus den Wirren des Ersten Weltkrieges gelernt.

Opferwidder in früherer Zeit

Das Zeremoniell rund um den Widder ist jedoch dasselbe wie vor Jahrhunderten. Sieben Mal stellt Virgen das Opfertier; abwechselnd die damals betroffenen Fraktionen Welzelach, Niedermauern, Obermauern, Virgen (zwei Mal), sowie Mellitz und Göriach. Dann sind die Prägratener für fünf Jahre an der Reihe. Dort wechseln sich die Weiler Hinterbichl, St. Andrä (zwei Mal), Wallhorn und Bobojach mit der Widderspende ab.

Eine Ausnahme bildet in diesem Brauch Mitteldorf, da diese Virger Fraktion beim ursprünglichen Gelübde noch zur Marktgemeinde Matrei gehörte und von dort 1782 nach 500-jähriger Zugehörigkeit wieder an Virgen überging. Als 1815 in Mitteldorf eine Epidemie ausgebrochen war, beteiligten sich ein Jahr später auch die Mitteldorfer am Kreuzgang.[17]

Bei der Pflege des Widders wird das Tier richtigehend verwöhnt und hofiert wird, was für den Verantwortlichen eine Menge Mehrarbeit bedeutet. Der Widder wird nicht geschoren, aber dafür regelmäßig gewaschen und gebürstet. Dabei bedient sich der Pfleger durchaus eines modernen Waschmittels. Danach wird das Tier gebürstet und gekämmt.

Um die Kosten für die Aufzucht des Tieres brauchte sich der Halter nicht zu kümmern, da er von Haus zu Haus gehen konnte und ihm dort für den Widder immer das Notwendige überreicht wurde. Seit 1988 erhält der Wid-

Geschmückter Opferwidder (Virgen und Prägraten)

derhalter jedoch einen Fixbetrag, mit dem er die Unkosten abdecken kann. Am Tag vor dem „Weißen Sonntag", also am Tag der Prozession, wird der Opferwidder mit bunten Bändern und Blumen geschmückt; dann führt er zusammen mit seinem Halter und einem Kreuzträger den Kreuzzug nach Obermauern an. Vor der Abzweigung zur Wallfahrtskirche treffen die Virger auf die Prägratner Prozessionsteilnehmer, ehe sie gemeinsam zu dem sakralen Bauwerk pilgern.

In der Kirche wird das Opfertier gemäß der Tradition dreimal um den Altar geführt. Nach dem Gottesdienst verlost man seit 1999 den Opferwidder vor der „Obermaurer Kirche". Der Erlös wird der Wallfahrtskirche gespendet.

Widderopfer gab oder gibt es jedoch nicht nur in Virgen und Prägraten. Da der Widder in Berggemeinden oft das kostbarste Tier war, bot sich dieses prächtige Steinschaf in hoch gelegenen Siedlungen förmlich an.

So führten auch die Zedlacher bis in die 60er Jahre des 20. Jhdt. einen Widder nach Obermauern. Auch Matrei opferte seit 1649 regelmäßig jeden ersten Samstag nach Ostern einen solchen Hornträger.

Ende des 18. Jahrhunderts versickerte dieser Brauch der „Marktler" jedoch im Sand der Auseinandersetzungen mit dem übergeordneten Salzburger

Consistorium. Damals gehörte die Marktgemeinde noch zum Erzbistum Salzburg. Zwar kämpften die Matreier energisch, doch die aufklärerischen Verbote waren zu stark.

Selbst am anderen Ende von Osttirol gibt es solche Widderprozessionen. So pilgert man in Sillian zum hl. Rochus in Winnebach. Auch dort war die Pest im 17. Jahrhundert der Auslöser für den geleisteten Eid.

Im Großglocknerdorf Kals sollen die Widderprozessionen sogar seit 1601 bestehen. Zumindest sind sie im dortigen Rechnungsbuch seit damals nachweisbar.

Das Datum rund um Ostern scheint ebenfalls nicht zufällig gewählt. In dieser Zeit werden zum einen die Schafe und Widder auf die Weide getrieben, zum anderen fällt auch das erste Zeichen des Tierkreises Widder als Sternbild des Nordhimmels in diese Zeit.

Johann Mariner marschiert als glücklicher Gewinner von der Obermaurer Kirche heim.

Brauchtum in der Sommer- und Herbstzeit

Maibaum

Die Einführung des Brauches des Maibaumaufstellens ist in Osttirol neueren Datums. Dieser Brauch kam in den Jahren um 1938 auf, hauptsächlich durch den Einfluss des NS-Regimes. Man muss aber bedenken, dass er eigentlich einen viel älteren Ursprung hat und in ganz Tirol früher weit verbreitet war. In Innsbruck stand 1628 ein Maibaum in der Maria-Theresien-Straße, und 1814 wurde ein Maibaum anlässlich der Rückkehr zu Österreich aufgestellt.[1]

Der Brauch hat sich in manchen Orten erhalten, wenn auch nicht so sehr wie in Bayern, wo das Maibaumbewachen und das Maibaumstehlen (mit anschließender alkoholischer „Auslosung" des Baumes) zu den wichtigsten Bräuchen überhaupt gehört. In einigen Orten des südöstlichen Tirol wurde

Maibaumaufstellen in Strassen

Maibaumfeier in Matrei, 2003: René Mattersberger (vlg. Jesn) beim Klettern

er in den letzten Jahren wiederentdeckt, nachdem er zeitweilig nach dem Zweiten Weltkrieg in Vergessenheit geraten war.

Es gibt verschiedene Arten der Ausübung. In Lienz hat sich ein Traditionspflege-Verein mit dem Namen „Die Osttiroler Patrioten" zum Ziel gesetzt, heimisches Brauchtum wieder stärker zu beleben. Dabei griff man den Maibaumbrauch wieder auf. Der Lienzer Maibaum darf jedoch nicht erklettert werden, sondern wird vielmehr zu dem Zwecke bewacht, eine Besteigung zu verhindern. Würde er bestiegen, hätte man damit den Baum verloren.

Anders etwa in Matrei i.O., Iselsberg oder Ainet, wo das Kraxeln auf den farbenprächtig geschmückten Maibaum immer noch oder wieder Tradition hat. Dort ist das Erklimmen des Baumes geradezu Pflicht. Waren es jedoch früher meist junge Männer, die den jungen Frauen durch ihre Kletterkünste imponieren wollten und die dabei ihre Hände mit Talkum oder Lirget beschmierten, um besser klettern zu können, so findet man heute gelegentlich nur Kinder, die sich trauen, ihre Fähigkeiten unter Beweis zu stellen.

In jedem Fall müssen aber die Maibaumaufsteller auf der Hut sein. Denn wenn es jemandem, zumeist ein paar jungen Männern aus der Nachbargemeinde, gelingt, den Baum in der Nacht vor dem ersten Mai an- oder gar abzusägen, so erhalten diese den wunderschönen, „gschepsten" Baum. Den Aufstellern des Baumes bleibt in diesem Falle nur noch der Spott der Nachbargemeinden. Gelingt es dem Übeltäter allerdings nicht und er wird bei seinem missgünstigen schadenfrohen Tun erwischt, kann es ihm gar elend ergehen und er wird „davongeschädelt". Aus diesem Grund halten einige Leute in der oder den Nächten davor eine Maibaumwache ab. Diese geht die gesamte Nacht durch und wird oft mehr gefeiert als der Tag des Maibaumes selbst.

Muttertag

Am Muttertag heißt es für die Väter und die Kinder früh aufzustehen und der Ehefrau bzw Mutter einen Freudentag zu bereiten. Das beginnt bereits beim Frühstück, das ausnahmsweise vom Rest der Familie zubereitet wird. Es folgen meist Blumen, Gedichte und ein Essen in einem guten Restaurant. Damit wird den Müttern an diesem Tag all das zuteil, was eigentlich das ganze Jahr über so sein sollte.

Der Muttertag ist noch keine hundert Jahre alt, aber dennoch ein Fest, das nicht mehr wegzudenken ist. In Mexiko feiert man diesen Brauch sogar zwei Tage lang.

1907 erfand Anna Jarvis aus dem US-amerikanischen Philadelphia dieses Fest. Die Idee fiel auf fruchtbaren Boden, und am 9. Mai 1914 verkündete Präsident Wilson, den zweiten Sonntag im Mai künftig als „öffentlichen Ausdruck für die Liebe und die Dankbarkeit zu feiern, die wir den Müttern unseres Landes entgegenbringen."[2]

In Zeiten des Nationalsozialismus wurde der Tag propagandistisch benutzt, indem man dieses Datum als Wertschätzung der „arischen Heldenmutter" – der Garantin des Fortbestandes der eigenen „Rasse" und „Gebärmaschine für künftige Kriegshelden" – hochpries. Kinderreiche Mütter wurden deshalb auch mit dem „Mutterkreuz" ausgezeichnet. Für jene, die für die NS-Ideologie nichts übrig hatten, war das der „Karnickelorden".[3]

Was bei der Erfindung des Muttertages niemand wusste: Der Tag hat bereits einen religiösen Vorläufer. Der zweite Sonntag im Mai wurde nämlich bereits im 13. Jahrhundert in England als „Mothering Sunday" gefeiert: der Tag der „Mutter Kirche". Auch der leiblichen Mutter wurde an diesem Tag Dank zuteil, indem alle Kinder sich an diesem Tag zu Hause einfanden und mit den Eltern speisten.[4]

Bittgänge

Die Bittgänge gehören in die Zeit des Übergangs vom Frühjahr zum Sommer. Unter Mitnahme traditioneller Kirchenfahnen, oft auch Statuen, pilgern die Gläubigen zu gewissen Stätten im Ort oder in der näheren Umgebung, um den Segen Gottes zu erbitten, besonders im Hinblick auf das Wetter und eine gute Ernte.

In Nikolsdorf wurden so genannte „Kreuzgänge", bei welchen man ein Kreuz an der Spitze des Zuges mittrug oder aber ein Kreuz das Ziel des Weges war[5], an den drei Bittagen vor Christi Himmelfahrt unternommen: am Montag nach Lavant, am Dienstag nach Maria-Hilf (Oberdrauburg), am Mittwoch nach Chrysanthen. Außerdem führte man am Samstag nach Christi Himmelfahrt einen Bittgang nach Kötschach durch.[6]

Bittgang von St. Oswald nach Kartitsch

In Innichen werden die Bittgänge ebenfalls an den drei Tagen vor Christi Himmelfahrt abgehalten; aber lediglich von der Stifts- in die Franziskanerkirche.

In Kartitsch geht man an den Bittagen im Mai zum Kriegerfriedhof, nach St. Oswald und Hollbruck.

Eine Art Kreuzgang zur Waldkapelle wird in Sexten abgehalten, organisiert vom „Südtiroler Frontkämpferverband" mit Unterstützung der Schützen. Die Waldkapelle war ab 1915 Notkirche, da Sexten unter italienischem Artilleriefeuer lag und stark zerstört wurde.

Herz Jesu

Im Jahre 1796 fürchtete man in Tirol den Einfall der Franzosen, die in Oberitalien siegreich gekämpft hatten und Richtung Österreich vorgedrungen waren. Daraufhin beschlossen die Tiroler Landstände bei einem Kongress am 1. Juni dieses Jahres auf Anraten des Prälaten Sebastian Stöckl von Stams einstimmig, das Fest Herz Jesu im ganzen Land mit einem eigenen Hochamt zu begehen. Das Hochamt fand erstmals in der Bozener Pfarrkirche am 3. Juni

Bergfeuer zu Herz Jesu (Kartitsch)

Herz-Jesu-Feuer und Kirchenbeleuchtung zu Kartitsch

1796 statt. Man wollte das Fest zukünftig jeweils am zweiten Sonntag nach Fronleichnam feiern.[7] Schon im nächsten Jahr – immer noch dauerte der Kampf gegen die französischen Revolutionsarmeen an – wurde die Herz-Jesu-Feier in vielen Gemeinden Tirols durchgeführt.

Im Jahre 1809 erneuerte Andreas Hofer diesen Eid. Er hielt dies vor Beginn der zweiten Schlacht am Bergisel für ein notwendiges Bekenntnis. Ungeachtet dessen, dass die Tiroler diese Schlacht gewannen, musste natürlich in solcher Notzeit die Begehung eines Festes, das nur wenige Jahre zuvor durch Eid versprochen war, eine ernste Verpflichtung für gläubige Landesbewohner bedeuten. Als man jedoch wiederum halbwegs siegreich war, das heißt die Gefahr vorläufig abgewendet hatte, senkte sich dies noch mehr in die Herzen vieler Menschen.

Obwohl bald schwere Niederlagen das Erreichte sehr relativierten, ja die Niederlage mit ihren traurigen politischen, ökonomischen und sozialen Folgen ins Zentrum des alltäglichen Denkens stellten, blieb die Tradition dennoch aufrecht – die Befreiung des Landes ab 1813 und der Sieg über Napoleon (1813-1815) mögen letztlich ausschlaggebend gewesen sein, ein solches Brauchtum zu wahren. Seither wird es in Friedens- genauso wie in Kriegszeiten als bestimmte Tiroler Verpflichtung wahrgenommen und mit Prozessionen sowie Bergfeuern zelebriert.

Zur Hundertjahr-Feier fand Josef Seeber den Text eines Liedes, das sich würdig in diese Feier einfügte, und Ignaz Mitterer komponierte eine Melodie. Alsbald sang man überall das Bundeslied „Auf zum Schwur, Tirolerland". Es ist inzwischen eine Art „zweite Landeshymne" nach dem Andreas-Hofer-Lied geworden. Dass man in beiden Fällen Versuche gestartet hat, die Texte umzuschreiben, das heißt zu „modernisieren", soll und darf in einem Brauchtumsbuch nicht verschwiegen werden!

1797 zeigte sich, dass das Herz-Jesu-Fest in weiten Teilen der Bevölkerung auf große Resonanz stieß. Man verband damit den Brauch der Bergfeuer, der seit langer Zeit in Tirol heimisch war. Womöglich handelt es sich um Varianten des Johannisfeuers. Die Sonnwendfeuer, die in der Innsbrucker Gegend und im Unterinntal eine lange und schöne Tradition haben, sind in Osttirol nicht verbreitet, obwohl sie nach früheren Berichten auch in dieser Gegend praktiziert wurden. So könnten sie in Tirol teilweise mit anderen Bergfeuer-Bräuchen zusammengeflossen sein, zunächst mit den Johannisfeuern, die zum Fest Johannes des Täufers angezündet wurden. Später ist zumindest in Osttirol auch dieser Brauch zurückgedrängt worden, zugunsten der Herz-Jesu-Feuer.[8]

Scheibenschlagen

Während die Sonnwendfeuer in Osttirol also kaum auftauchen oder mit dem Herz-Jesu-Brauchtum zusammengelegt sind, hat sich in Prägraten und in der Virger Fraktion Obermauern dennoch ein alter Sonnwendbrauch erhalten, der zu jenen Gewohnheiten gehört, die besonders Gefallen finden: das Scheibenschlagen.

Schon Anfang Juni werden quadratische Holzstücke geschnitten, mit einem Loch versehen und sodann entsprechend zugehackt, damit sie gut fliegen können. Am Abend des 23. Juni dürfen Mädchen und Burschen auf die Berghänge steigen; dort werden die mitgebrachten Scheiben auf vorher eingewässerte „Wachtler" (zwei Meter lange und drei bis vier Zentimeter Durchmesser betragende Laubholzstöcke) gesteckt. Die Wachtler müssen nun so lange ins Feuer gehalten werden, bis die Scheiben glühen. Schließlich wird die

Scheibenschlagen oberhalb Prägraten a.G.

Am Feuer: Scheibenschlagen (Prägraten a.G.)

Scheibe nach mehrmaligem Schwingen bei der Berührung des Bodens vom Stecken abgestreift und fliegt weithin sichtbar hinab ins Tal. Dabei kommt es laut Gertrud Hatzer (geborene Steiner), einer aus Prägraten stammenden Volksschullehrerin, oftmals sogar zu Wettkämpfen, wobei der Beste schließlich die so genannte „Nachtscheibe" schlagen darf, eine besonders große Scheibe. Das gilt als besondere Ehre.[9]

Auch in der Nacht des zweiten Scheibenschlagtags, am 24. Juni, wird diesem Brauch eifrig nachgegangen, wobei viele schon am Tag in den Wäldern und auf Wiesen nach „vorgeglühten" Scheiben suchen, die schneller wieder zum Glühen gebracht werden können.

Der letzte Scheibenschlagtag ist der 29. Juni (St. Peter und Paul). Man beschränkt sich dabei wiederum auf die Ausübung der mehr oder weniger sportlichen Tätigkeit.

Das Fest ist für viele ein Grund zur Freude, lediglich die Förster müssen in Zeiten der Trockenheit aufpassen. Die Jugend beteiligt sich bis heute gern, und Gertrud Hatzer meint: „Etwas Lagerfeuerromantik des Wilden Westens schwingt im Hinterkopf vieler Buben mit."[10]

Scheibenschlagen (Prägraten a. G.)

Der Siebenschläfertag

So wie das Wetter am 27. Juni, dem so genannten Siebenschläfertag, ist, so bleibt es sieben Wochen lang. Mit dieser Weisheit aus dem Volksglauben wurde der Siebenschläfertag zum Lostag für das Wetter. Regnete es, so regnete es in den nächsten sieben Wochen. Schien die Sonne, so konnte man sich auf einen warmen Sommer einstellen. Die Trefferquote dieser Aussage ist in Österreich enorm. In acht von zehn Sommern stimmt die Vorhersage mit dem Spruch überein. Der eigentliche Lostag ist allerdings der 7. Juli. Durch die Umstellung auf den Gregorianischen Kalender verschob sich der Termin.[11]

Früher wurde der Siebenschläfertag richtiggehend gefeiert. Kein Wunder, handelt es sich bei den Siebenschläfern doch um Heilige. Der Legende zufolge brachten sich im Jahr 251 in Ephesus sieben junge Christen (Constantinus, Dionysius, Johannes, Malchus, Martinianus, Maximianus und Serapion im Lateinischen, im Griechischen Achillides, Diomedes, Eugenios, Kyriakos, Probatos, Sabbatios und Stephanos) auf der Flucht vor Kaiser Decius in einer Berghöhle in Sicherheit. Dort wurden sie allerdings von den Häschern des Kaisers entdeckt und eingemauert. Es dauerte nicht lange, und die Sieben schliefen ein. 195 Jahre später, am 27. Juni 446 wurden sie zufällig entdeckt und wachten wieder auf, um den Glauben an die Auferstehung zu bezeugen. Selbst im Koran sind die Siebenschläfer bekannt.[12]

Von den Gläubigen wurden die Siebenschläfer als Patrone gegen Schlaflosigkeit und Fieber verehrt. Aufgrund der rein legendenhaften Überlieferung strich die Kirche den Siebenschläfertag aus ihrem Kalender; aus dem Gedächtnis der Menschen konnte sie ihn jedoch nicht streichen.[13]

Maria Himmelfahrt

Nach alter Erfahrung ist der 15. August der Höhepunkt des Bergsommers, mit dem Tag der Feier von Maria Himmelfahrt beginnt der langsame Abschied des Sommers. Bald werden die Berghänge braun, weil die Nachtfröste die Wiesen in Mitleidenschaft ziehen und die Blumen verblüht sind.

Doch der Maria Himmelfahrtstag wird in Tirol nochmals groß gefeiert. Da suchen die Frauen die schönsten „Bischle" (Blumen) und sammeln alle möglichen Kräuter. In der Kirche findet beim Hochamt die „Kräuterbuschenweihe" statt und anschließend an den Kirchgang gibt es in manchen Orten ein gemütliches Beisammensein.

Nach der Kräuterweihe „auf Mauer" (Maria Schnee, Obermauern)

Kirchgänger nach der Messe und Kräuterweihe in Maria Schnee, Obermauern/Virgen

In Virgen wird das Hochamt traditionell in der Wallfahrtskirche Maria Schnee in Obermauern abgehalten, danach spielt die Musikkapelle zum Frühschoppenkonzert beim „Naz'n" (Gasthof Waldruhe) auf Marin auf. Dort kann der Tag noch recht lang werden.

Bühnholgungl

Pünktlich zum 24. August, dem „Bartlmätag", wird in Bobojach ein Brauchtumsfest abgehalten, das mittlerweile seinesgleichen sucht: der Bühnholgungl. Bei einem Gungl handelt es sich, neben einem echten „Zungenbrecher" für alle hochdeutsch Sprechenden, um nichts anderes als um einen Unterhaltungsabend. Bobojach, eine Fraktion von Prägraten a.G., von den Einheimischen oft Wajach genannt, trägt einen alten slawischen Namen, der an die Früchte erinnert, die dort wachsen: Bohnenfeld. Und so ist auch der Bühnholgungl ein Fruchtbarkeitsfest der Bohnenernte, das es in früherer Zeit in verschiedenen Orten gab. In Abfaltersbach beispielsweise kannte man den „Schallebuin-Samstag" („Schalebohnensamstag"), der aber längst in Vergessenheit geraten ist.

In Bobojach denkt man: Ganz gleich, um welchen Wochentag es sich handelt, der Bühnholgungl wird auf jeden Fall am 24. August gefeiert, auch wenn es ein Werktag mitten in der Woche sein sollte.

Der Brauch wird erst seit Ender der 1990er Jahre wieder praktiziert, eingeführt vom Prägratener Bürgermeister Johann Kratzer. Dieser hat eine alte Tradition neu belebt, die vor über 50 Jahren verschwunden war. Beim Nachforschen nach Unterlagen für einen beantragten Erbhof hatte man festgestellt, dass der Bühnholgungl viele Jahrhunderte alt sein dürfte. Der Hof Oberstoaner, von dem er ausgeht, konnte bis in die Zeit vor 500 Jahren nachgewiesen werden.

In großen „Erbirgndämpfern" werden die Bohnen zubereitet und von Helfern an die Tische getragen. Bohnen können nachbestellt werden, solange man es „darichtet", während für die Getränke gezahlt werden muss. Da man die „Bühn" mit viel Salz isst, wird auch recht viel getrunken. Im Jahr 2003 spielte als Gunglmusik dazu die „Hazöicher-Musik" (Heuzieher-Musik) mit Ziehharmonika, Hackbrett und Harfe auf.

Eine mündlich überlieferte „G'schicht" erinnert an einen früheren Sommer, der extrem trocken war. Damals soll man den Kessel heiß gemacht haben, doch in diesem „mageren Jahr" schwamm nur eine einzige Bohne darin! Trotzdem hatten alle eine Riesengaudi.

*Bühnholgungl
in Bobojach
(Gemeinde
Prägraten)*

Bühnholgungl in Bobojach (Gemeinde Prägraten)

Heute handelt es sich bei diesem wiederbelebten Brauch um ein Fest, das immer mehr Menschen anzieht, Einheimische wie Gäste; insgesamt sind es schon mehr als 500 Teilnehmer. Einige Gäste reisen sogar ausdrücklich deswegen an. Organisiert vom Obmann der Fraktion Bobojach, bringt der Gungl nicht nur Freude, sondern auch etwas Geld in die Fraktion. Ein schönes Beispiel für eine sinnvolle Wiederbelebung eines alten Brauches.

In der Fraktion Tessenberg der Gemeinde Heinfels findet sich ein ähnlicher Brauch. Dort gibt es noch den „Schallebuin-Samstag", wie er früher im oberen Pustertal üblich war. Die ledigen Burschen treffen sich am letzten Samstag im August, um in einem fremden Acker Pferdebohnen zu „stehlen" (daher „Buin stehln" genannt). Später werden die Bohnen auf offenem Feuer gesotten (deshalb „Buin soidn") und gegessen, wobei man jedoch einige aufbewahrt, die vor dem Heimgehen gesotten und den Mädchen ans Fenster gebracht werden. Am Samstag vor dem Schutzengelsonntag waren dann die Mädchen gehalten, den Burschen beim „Fensterln" eine Nelke zu geben, die beim Schutzengelamt am Anzug getragen wurde. Wer keine Nelke bekam, musste sich eine stehlen, um nicht ohne Nelke in der Kirche erscheinen zu müssen.

Schutzengelsonntag

Am ersten Sonntag im September feiert man den Schutzengelsonntag, an dem in vielen Orten Tirols Schutzengelprozessionen stattfinden. Das ist ein Tag der jungen Burschen, ein „Buibmtog" bzw „Büabntog". Früher hat es in Innervillgraten nachmittags um 14 Uhr eine „Buibmpredigt" gegeben, eine recht strenge religiöse Standesunterweisung (ähnlich am 8. Dezember die „Gitschnpredigt" für die Mädchen).

In Kartitsch findet eine Schutzengelprozession mit Kreuz, Statuen und Fahnen nach St. Oswald statt. Früher haben die „Buibm" in Kartitsch „Nagilan gstohln", Bauernnelken, die auf Balkonen wuchsen. Diese wurden dann der Herzallerliebsten überreicht.

Almabtrieb

In Osttirol hat das Brauchtum um den Auftrieb des Viehs auf die Alm einen ebenso geringen Stellenwert wie jenes um den Abtrieb. Lediglich z.B. in Patriasdorf und gelegentlich in Prägraten (neuerdings auch in Nußdorf-Debant) wird der Almabtrieb ein bisschen gefeiert, wenn alle, Sennerinnen, Senner und Kühe wieder gut heimgekehrt sind. Nur selten trifft man im Bezirk Lienz auf eine festlich geschmückte Kuh.

Das ist in Nordtirol und zum Teil auch in Südtirol ganz anders. In Nordtirol werden mit großem Aufwand regelrechte Freudenfeste zelebriert, die in ihrer Farbenpracht den Zuschauer sehr beeindrucken. Hier kann man jedoch zugleich auch manchmal einen gewissen Missbrauch erkennen, der das Brauchtum zerstört: Wenn nämlich gleich mehrmals ein Almabtrieb stattfindet und die Kühe, bereits im Tal angekommen, wieder hinaufgefahren oder hinaufgetrieben werden, um für die nächste Gästeschicht erneut eine Touristenattraktion bieten zu können.

Dennoch ist das Brauchtum des Almabtriebs, wenn es in sinnvoller Weise gepflegt wird, etwas Schönes. Darf sich doch jeder Bauer glücklich schätzen, wenn der Sommer ohne Absturz einer Kuh oder andere Unglücke vorüberging.

In Olang bzw. Rasen geht beim Almabtrieb die schönste Kuh, die mit einem kunstvoll gefertigten Kranz geschmückt ist, voraus. Weitere Kühe mit Geläute folgen. Etwas hinten trägt noch eine andere Kuh den „Prumkranz" (aus Preiselbeerstauden), der etwas bescheidener als jener der ersten Kuh ist.

Schmücken der Kühe in Olang/Geiselsberg für den Almabtrieb nach Rasen (Gasthof Neunhäusern, Rasen-Antholz)

Glocken des Almabtriebs, Gasthof Neunhäusern, Rasen

Seit langem wird in Rasen vom Gasthof Neunhäusern der Almabtrieb zum dritten Sonntag im Oktober („Allgemeinkirchtag") durchgeführt. Im Sommer weidet das Vieh auf der Oberegger Alm, wo im Herbst der Almabtrieb seinen Anfang nimmt. Nachdem man in Mühlbach, einem Weiler am Kronplatz, angelangt ist, wird für diejenigen, die von der Alm kommen, ausgeschenkt, und es gibt eine kleine Stärkung. Hier werden die großen Glocken angelegt und die Tiere endgültig geschmückt. Später, im Tal angekommen, veranstaltet man ein größeres Fest, bei dem „Tschotteblattlan" (Krapfen) gegessen werden, die nur aus diesem Anlass gebacken werden.

Früher fuhr man sonntags dann oft noch mit dem Vieh auf die Wiese, damit es von der Bevölkerung angeschaut werden konnte; dieses „Ausfahren" war natürlich mit Stolz verbunden.

Erntedank

Im Herbst danken die Menschen Gott beim Erntedankfest für die erzielten Erträge. Jede Ähre, jeder Apfel oder jedes Blatt Salat wird als Gottesgeschenk betrachtet. Das Erntedankfest ist kirchlich seit dem 3. Jahrhundert belegt. Einen einheitlichen, weltweiten Termin gibt es allerdings nicht. Da durch die verschiedenen Klimazonen die Erntezeit in Europa eine gänzlich andere als z.B. in Australien ist, gilt überall ein anderer Termin. In unseren Breiten feiert man das Dankfest zur Ernte am ersten Sonntag im Oktober.[14]

In vielen Orten wird das Erntedankfest dann in großem Stil zelebriert, wobei in kunstvoller Arbeit eine schöne Erntekrone aus allerlei Pflanzen hergerichtet wird. Unter Umständen, je nach Ort, wird diese bei einer Prozession mitgetragen. In jedem Fall ist das Fest in den Gottesdienst integriert. Erntegaben schmücken dabei den Altar, und die Menschen tragen ebenfalls ihre Gaben in die Kirche, um diese im Lauf der Messe segnen zu lassen. Oft bemüht sich darum die Landjugend/Jungbauernschaft des Tiroler Bauernbundes, wie z.B. in Abfaltersbach, die den Einzug in die Kirche mit Obst und Gemüse feierlich gestaltet.

In Sexten wird gleich zweimal Erntedank gefeiert, denn dort ist dieses Fest mit dem „Kirchta" verbunden, und da es wegen der zwei Kirchen auch zwei Kirchtage gibt, wird eben doppelt für die Ernte gedankt (2. Sonntag im Oktober: „Mooser Kirchta" in Sexten-Moos; 3. Sonntag im Oktober: „Derfler Kirchta" in Sexten-Dorf).

Vorbereitungen für das Erntedankfest (Virgen 2003)

Auch die Kinder haben Freude.

Erntedankkrone in Virgen

Erntedank in Strassen

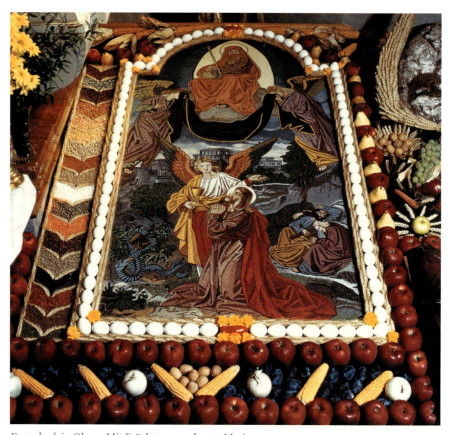

Erntedank in Olang: Mit Früchten umrahmtes Motiv

Allerheiligen, Krapfenschnappen, Allerseelen

Das ausklingende Kirchenjahr gedenkt der Verstorbenen und des Sterbens der noch Lebenden im gleichen Maße. Obwohl der Allerheiligentag heute der eigentliche große Totengedenktag ist, hatte er diese Bedeutung nicht immer inne. Früher war er mehr ein Erinnerungstag für die Märtyrer, während man eher den Allerseelentag als Trauertag für die eigenen Verstorbenen beging. Der Termin des 1. November für dieses „Sammelfest" vieler Heiliger und Verstorbener entstand im 8. und 9. Jahrhundert in Irland und wurde von irisch-schottischen Mönchen auf dem europäischen Kontinent verbreitet. Der 1. November markierte zu der Zeit den Winterbeginn, jene Zeit also, in der alljährlich die Natur „stirbt".[15]

Zu Allerheiligen trifft man sich in den Osttiroler Gemeinden, um morgens die Messe zu feiern und nachmittags zu den festlich geschmückten Gräbern zu gehen, auf denen man eine Kerze anzündet. Dazu finden sich oft auch weit entfernt lebende Familienmitglieder und Verwandte ein. Selbst unter jüngeren Menschen, die sonst das Jahr über kaum auf die Friedhöfe gehen, ist eine starke Beteiligung festzustellen. In manchen Orten werden die Verstorbenen des Jahres in der Kirche aufgerufen, und beim feierlichen Rundgang des Pfarrers mit Segnung der Gräber sind die Friedhöfe äußerst stark besucht.

Zu Allerseelen findet ebenfalls eine Messe statt, doch sind daran nur mehr vergleichsweise wenige Menschen beteiligt. Die „armen Seelen" im Fegefeuer können laut altem Volksglauben an diesem Tag für kurze Zeit aus dem quälenden Fegefeuer zur Erde emporsteigen, um sich dort von ihrem langen Leiden zu erholen.[16]

In Osttirol galt in manchen Gemeinden früher Allerheiligen als Patentag („Toutntog"), an dem die Kinder Gebildbrote bekamen. Das war jedoch nicht überall der Fall. Heute ist dieser Brauch sehr stark im Verschwinden begriffen. Genauso wie der Aberglaube, der in früherer Zeit die Menschen an diesen beiden aufeinanderfolgenden Tagen beschäftigte.

So wurden zu Allerseelen immer die Gräber mit Weihwasser bespritzt. Allerdings nicht, um diese zu segnen, sondern vielmehr deshalb, um die Qua-

Osttiroler Friedhof (Virgen)

len der Toten in der Hölle durch die Feuchtigkeit zu lindern. Selbst Gaben wie Brot und Wein stellte man in gewissen Ortschaften auf den Gräbern ab. Das Anzünden der Kerzen war natürlich ebenfalls Pflicht. Allerdings durfte man nach altem Aberglauben dabei nicht den Fehler machen, sie auf das Grab eines Selbstmörders zu stellen, weil dadurch auch die Kinder dieser beerdigten Person zu Selbstmördern geworden wären.

In der Nacht mieden die Einwohner der Dörfer den Friedhof. Hexen und Dämonen hatten nämlich in dieser Nacht das freie Schalten und Walten. Es sei denn, man wollte unbedingt wissen, wer im nächsten Jahr zu den Toten stößt. Wenn man sich nämlich auf einen Grabhügel stellte, konnte man einen Zug der Toten vorbeiziehen sehen, die wiederum die Namen derjenigen riefen, die im folgenden Jahr ableben würden. Untertags durfte man ebenfalls nicht jeder Beschäftigung nachgehen. So waren das Säen von Korn und die Gamsjagd strengstens verboten.[17] Dieser Aberglaube und die damit verbundenen Geschichten und Bräuche sind aber mittlerweile kaum mehr präsent.

Dafür wird jedoch ein anderer Brauch noch recht weitgehend ausgeübt: das Krapfenschnappen oder, wie es leicht variiert heißt, das Krapfenschnaggeln. In der Lienzer Gegend, in Oberlienz, Ainet, Gaimberg, Thurn, Leisach, Nußdorf-Debant, Dölsach und Nikolsdorf treten Kinder, die ein Hemd tragen und oft unmaskiert sind[18], mit einem seltsamen Ungetüm auf. Auf langen Stangen ist ein nachgebildeter Hunds-, Schaf- oder Geißkopf befestigt, dessen untere Kinnlade sich bewegen lässt. Vielleicht handelt es sich ursprünglich um eine Darstellung der schrecklichen „Habergoaß".[19] Nun zieht die Jugend durch das Dorf, wobei in manchen Orten geschwiegen werden muss, in anderen militärische Befehle gegeben werden wie „Kniet nieder zum Gebet", „Auf vom Gebet", „Habt acht", „Hoch an" oder „Feuer". Vor den Häusern wird mit dem „Schnaggln" begonnen, wobei man die Kinnlade mit einer Schnur bewegt, bis „Halt" kommandiert wird. Dann erhalten die Jugendlichen traditionell ihre Krapfen von den Dorfleuten. Im bäuerlich geprägten Nußdorf nehmen noch viele Kinder am Krapfenschnaggln teil, während in dem eher einen städtischen Charakter aufweisenden Ortsteil Debant nur mehr einige ausgewählte Burschen tagelang durch die Fraktion streifen, wobei sie einen ansehnlichen Geldbetrag und Sachspenden sammeln.[20]

In St. Veit gehen Kinder und Erwachsene mit Krapfenschnappern herum und sind dabei recht wild angezogen. In Prägraten wird hingegen der Brauch des Anklöcklns gepflegt. Hierbei ziehen die Kinder und Jugendlichen mit einem Hammer durchs Dorf, klopfen („klockn") an die Türen und erhalten etwas zum Essen, früher oft Äpfel, heute eher Süßigkeiten, aber auch Geld.

Krapfenschnapper in Gaimberg in einer Stube

Krapfenschnapper in Ainet, 1999

Krapfenschnapper
in Gaimberg, unterwegs

Über die Ursprünge dieses Brauches gibt es – wie so oft – keine Gewissheit. Karl Idl schreibt: „Das Krapfenschnaggeln hängt vermutlich mit dem Totenkult zusammen und stellt das Erbitten einer Gabe für die ‚Armen Seelen' dar."[21]

In Thurn wurden die Krapfenschnapper stets großzügig beschenkt, hoffte man doch, den armen Seelen noch etwas Gutes tun zu können. Von den heutigen Geldspenden in dieser Gemeinde wird übrigens die Hälfte für einen sozialen Zweck innerhalb Osttirols verwendet, wodurch beträchtliche Summen zusammenkommen.

In Hopfgarten heißt der entsprechende Brauch „Greglgehen". Dabei wird Asche auf dem Gesicht verteilt, um dieses unkenntlich zu machen. Dennoch ist es aber wichtig, die Gesichter möglichst stark fratzenhaft zu verzerren und die Stimme zu verstellen oder zu schweigen.

Ein feierlicher Totenbrauch, der nicht mehr allgemein bekannt ist, findet sich in Virgen: dort wird am Sonntag nach Allerseelen der Gefallenen gedacht. Nach dem Ende der Messe tritt die Gemeinde vor die Kirche, während

Gefallenenehrung durch den Heimkehrerverband in Virgen nach der Messe

Gefallenenehrung in Virgen: die noch lebenden Angehörigen stellen am Denkmal auf dem Friedhof Bilder der Gefallenen auf.

sich der „Heimkehrerverband", einige alte Männer, die noch den Zweiten Weltkrieg mitgemacht haben, in der Nähe des Gefallenendenkmals auf dem Friedhof aufstellt. Bevor und nachdem die Musikkapelle das „Lied vom guten Kameraden" spielt, kommandiert der Obmann des „Heimkehrerverbands" ähnlich wie bei einer militärischen Formation. Oftmals sind dabei auch Böllerschüsse zu vernehmen. Nach Abschluss der Feier geht man nachdenklich nach Hause oder ins Gasthaus.

Martinsumzug

Wenn es am Martinstag (11. November) in Ost- und Südtirol Nacht wird, kann man als Beobachter ein wundervolles Schauspiel erleben. Dutzende Kinder laufen in Reihen mit bunten Laternen, die sie meistens selber in mühevoller Kleinarbeit hergestellt haben, durch die Gemeinden und singen dabei Lieder und beten. In manchen Orten ist sogar ein Pferd oder ein Esel dabei, die ein Kind, das den heiligen Martin darstellt, tragen.

Bei diesem Martinsumzug handelt es sich um einen Brauch, der in Osttirol erst jüngeren Datums ist und vor allem über die Kindergärten seit etwa drei Jahrzehnten gepflegt wird.

Beim Martinsumzug in Strassen

Der Anlass ist das Gedenken an den hl. Martinus, Bischof von Tours. Er soll im Jahre 316 als Sohn eines römischen Tribunen im heutigen Ungarn geboren sein. Schon sein Name „Martinus" deutet wohl auf die militärischen Wurzeln seiner Familie hin. Könnte man von diesem doch „dem Kriegsgott Mars zugehörig" ableiten. Mit fünfzehn wurde er eingezogen und gehörte somit wie sein Vater dem römischen Heere und später der kaiserlichen Leibgarde an. Bereits während dieser Zeit bereitete er sich drei Jahre lang auf seine Taufe vor.

334 war das Jahr, welches eigentlich den Ursprung für den Martinsumzug bildet. Martinus war gerade achtzehn Jahre alt und in Amiens stationiert. Der Winter war sehr streng. Ein armer unbekleideter Mann zog die Aufmerksamkeit des Soldaten auf sich. Martinus wollte dem Vorübergehenden helfen, doch da er nichts bei sich hatte, trennte er seinen Offiziersmantel mit dem Schwert entzwei und gab dem Mann eine Hälfte davon. Der Mann dankte es ihm zwar nicht, wohl aber seine Vorgesetzten. Wegen mutwilliger Beschädigung von Militäreigentum kam er drei Tage in Arrest.[22] Doch dies war Martinus einerlei, da ihm Jesus Christus in der Nacht im Traum erschien – bekleidet mit dem halben Offiziersmantel. Dabei sprach der Messias die Worte: „Martinus, der noch nicht getauft ist, hat mich mit diesem Mantel bekleidet."[23] Das ist eine Anlehnung an eine Passage im Matthäus-Evangelium, in dem es heißt: „Was ihr für den geringsten meiner Brüder getan habt, das habt ihr mir getan." (Mt 25,40)

Martinsumzug in Lienz

Martinsumzug in Lienz: Die Reiterin verkörpert den hl. Martin.

Kinder beim Martinsumzug in Lienz

Martinus erkannte durch diesen Traum, dass er den Militärdienst aufgeben und in den Dienst Gottes treten sollte. Also ließ er sich taufen und wurde zum Einsiedler. Im Jahr 360 und 361 gründete er in der Nähe von Poitiers das erste Kloster Galliens, 372 erhielt er die Bischofsweihe in Tours. Schon bald wurde er als Ratgeber und Nothelfer bekannt.

Der Tod ereilte Martin bei einer Seelsorgereise am 8. November 397 im Alter von 81 Jahren in Candes. Am 11. November wurde er beigesetzt.[24] Dieses Datum ist auch zum Martinstag geworden.

Zahlreiche Legenden und Geschichten preisen den hl. Martin nach wie vor als segensreichen und vorbildlichen Mann und prägen somit auch heute noch das Bild dieses Heiligen. Bisher haben fünf Päpste den Namen Martin gewählt.

Cäcilienfeier am 22. November

Dies ist der Tag, an dem eigentlich der Dank an die Sänger im Vordergrund steht; mittlerweile ist es aber allgemein ein Feiertag der Musikanten. Mancherorts erhalten die Musikkapellen oder Chöre eine Einladung, sich zu einem gemeinschaftlichen Beisammensein einzufinden. In Abfaltersbach z.B. wird für die Musikkapelle ein Abendessen veranstaltet, in Strassen oder in Kartitsch eine Feier für die Musikkapelle und den Kirchenchor.

Nachdem die Musikkapelle oder der Chor die Messe mitgestaltet haben, bekommen sie auch in Innervillgraten eine Musikmarende.

Brauchtum in der Advents- und Weihnachtszeit

Des Bischofs zottige Gesellen

Der Dezember beginnt für viele Personen in Osttirol mit einem unbehaglichen Gefühl, denn mit Einbruch der Dunkelheit erlebt man die „schnellste Heimgeh-Woche" des Jahres. Kein Wunder; es ist nämlich Klaubauf- und Krampuszeit.

Besonders in den Hochburgen des „Klaubaufbrauches", Matrei und Oberlienz, zählt in den Tagen von 1. bis 6. Dezember nur das „Klaubaufgian". In Matrei ist der Begriff Krampus ohnehin verpönt. „Mia seim Klaibaife und koane Krampusse", hört man die einheimischen Maskenträger aus Matrei im Glücksfall sagen. Im schlimmeren Fall findet man sich nach so einer Begriffsverwechslung auf dem harten Asphaltboden der Straße wieder.

Krampusse sind nämlich die Lienzer und jene, die nicht dem Iseltal zugehören. Allerdings muss man wissen, dass die Klaibaife und auch die Krampusse nicht die gefürchteten Perchten (siehe Raunächte) sind, sondern eigenständige Begleiter des Nikolaus. Es können schon aus „terminlichen" Gründen keine Perchten sein, da diese erst in den Raunächten zwischen Advent und Dreikönigstag ihre „Auftritte" haben.

Leisach: Krampusse Mitte der 1980er Jahre

Der Nikolaus hinkt vor allem in Matrei seinen pelzigen Klaibaifen in der Popularität ein wenig hinterher. Dennoch ist er die Hauptperson bei diesem Brauch. Als Bischof trägt der Heilige Nikolaus eine weiße Alba und einen roten, blauen oder auch goldenen Schultermantel. Den Kopf krönt eine Mitra, die mit einem goldenen Saumbund verziert ist.

Mit seinem Bischofsstab in der einen und einem Buch in der anderen Hand, aus dem er ersehen kann, welche Kinder und Erwachsenen „brav" waren, hat der Nikolaus „alle Hände voll" zu tun. Doch vor dem Nikolaus fürchtet sich niemand, denn hinter einem langen weißen Bart verbirgt sich oft ein gütiges Gesicht. Immerhin ist er ja ein Heiliger. Waren die Hausbewohner, die hinter dem Küchentisch sitzen, ehrlich, fromm und gottesfürchtig, so werden sie von den „Engelen" beschenkt.

Einst hießen diese beiden Engel „Bediente", da sie dem Nikolaus beim Austeilen der Gaben „dienten".[1] Seit der zweiten Hälfte des 20. Jahrhunderts

Mattinger Klaibaife

79

Klaubaufgruppe in Matrei mit Nikolaus

ist die Bezeichnung „Engele" (Verniedlichungsform von Engel) gebräuchlicher. Dargestellt werden die Engelen von jungen, meist blonden Mädchen, die ein weißes Kleid tragen und im Haar Goldsterne oder farbige Bänder eingeflochten haben. Sie gehen links und rechts vom Nikolaus und verteilen eine Handvoll Geschenke wie Walnüsse, Mandarinen, Kekse, Erdnüsse und Süßigkeiten.

Zwei weitere wichtige Personen des Klaubauflaufens sind der Lotter und die Litterin. Dabei handelt es sich um ein lustiges, tanzfreudiges Bettlerehepaar, das, in alte Lumpen gekleidet und mit genagelten Schuhen versehen, um „a poar Kreitzalen", also Gaben („Kreuzer", Geld) bettelt. Doch sie wollen diese nicht geschenkt, sondern bieten dem Spender einen schwungvollen Tanz. Hinter den Masken von Lotter und Litterin findet man zum Großteil junge Männer, die aber nicht selten dem hohen Schnapskonsum Tribut zollen und „ausgewechselt" werden müssen.

Damit die beiden in den Küchen der Häuser auch richtig tanzen können, spielt ein Spielmann mit einer Ziehharmonika auf. Dieser ist in bäuerliches Gewand gekleidet, welches er jedoch nach eigenem Ermessen aussuchen kann. Oft trägt er auch einen Hut mit einer langen Feder. In Virgen kommt es auch immer wieder vor, dass mehrere Spielmänner zum Tanz einladen. Ne-

Nikolaus mit Krampussen in Außervillgraten

ben einer Ziehharmonika fiedelt jemand auf einer Geige oder spielt ein Blas-
instrument.

Den Großteil des Umzugs bilden jedoch die Klaibaife. Diese finsteren
Gesellen stellen Teufel und Dämonen dar. In Virgen gab und gibt es auch die
so genannten „Tedlen". Dabei handelt es sich um flinke, mit Totenkopfmas-
ken versehene Jugendliche, die, nur in schwarzes Gewand gehüllt, die so genannten „Nachgeher" aufspüren und festhalten sollen, bis die schwerfälligen
Klaibaife in Reichweite kommen. Allerdings konnte man in den letzten Jahren nur noch selten „Tedlen" bei den Klaubaufgruppen ausfindig machen.
Einzig bei den Kindergruppen sind sie noch dabei.

Der Klaubauf selbst ist groß und mächtig. Weiße, braune oder schwarze
langhaarige Schafsfelle bedecken den Körper und machen diesen dadurch
um einiges größer und breiter. Am Rücken sind, um den Bauch und über die
Schultern mit festen, gepolsterten Riemen gesichert, drei bis sechs Glocken
festgeschnallt, die für einen ohrenbetäubenden Lärm sorgen. Bei der Wahl
der Glocken gibt es zwei Versionen: die gekauften mit einem hellen, harmonischen Klang und die „selbergschwoaßten Bundle". Diese selber erzeugten
geschweißten Schellen dröhnen dumpf und beunruhigend. Zusammen mit
dem gekauften Geläut geben sie einen harmonischen, aber dennoch be-

Obertilliacher Krampusse (Larven von Roland Ebner)

drohlichen Klang ab. Manches Geläut hat ein Gewicht von rund 20 Kilogramm.

Am Kopf trägt der Klaubauf eine Holzmaske, die so genannte „Larve". Dieser Ausdruck leitet sich vom lateinischen „larva" ab und bedeutet so viel wie „böser Geist, Gespenst". Seit dem 14. Jahrhundert findet sich dieses Wort auch im deutschen Sprachgebrauch.[2] Die Larve sieht keineswegs immer gleich aus, sondern ist von Besitzer zu Besitzer verschieden. Niemand außer den anderen „Klaibaifen" weiß, wer unter der jeweiligen „Larve" steckt, und der Klaubauf ist im „zivilen" Leben sehr darauf bedacht, dass dies auch so bleibt.

Die Matreier haben viel für die Weiterentwicklung der „Larven" getan. Zum Beispiel, dass der Träger nicht durch die Augen, sondern durch die Nasenlöcher der Maske heraussieht. Dadurch wirkt der Klaubauf fast riesenhaft. Entwickelt hat diese Eigenart der Matreier Tobias Trost in den 20er und 30er Jahren des 20. Jahrhunderts.[3]

Mitte der 60er Jahre experimentierte er mit Aluminium, wodurch die Masken wesentlich leichter wurden. Die klassische Holzmaske setzte sich jedoch gegen das Leichtmetall durch. Trotzdem findet man auch heute noch Aluminium- und sogar Papierlarven.

Durch die Popularität dieses Brauches kann es im oberen Iseltal schon einmal vorkommen, dass sich die jungen Leute bereits im Spätsommer über das Klaubaufgehen unterhalten und erste Vorkehrungen treffen. Einige Larvenschnitzer beginnen schon im Sommer mit der Herstellung der hölzernen Teufelsfratzen.

Auch die Organisation verlangt den einzelnen Gruppen einiges ab. In Virgen gab es Zeiten, in denen beinahe jede Fraktion eine Klaubaufgruppe stellte und es an jedem Abend zwischen 1. und 6. Dezember an der Tür klopfte. Da konnten die Hausbesitzer schon mal einige hundert Euro (nach heutiger Währung) los sein. Mit der Zeit unterband Bürgermeister Dietmar Ruggenthaler diese Völkerwanderung der Klaibaife und bat die Gruppen, sich besser untereinander abzusprechen.[4]

In Matrei sind weniger die Gruppen von Bedeutung. Dort zählt mehr die Tradition bei der Frage, wo sie auftreten. Besonders der 3. Dezember lässt viele Bewohner der Tauerngemeinde aus den Häusern strömen, da die Klaibaife ihren Auftritt in der Fraktion Bichl haben. Auf dem kleinen Dorfplatz wirkt der Einlauf äußerst respekteinflößend. Was dort heutzutage auffällt, ist, dass die Herkunft keine allzu große Rolle mehr spielt. Wäre früher ein Klaubauf auf die Idee gekommen, in einer anderen Fraktion mitzuläuten, hätte man

Krampustreiben im Gasthof Unterwöger in Obertilliach

ihn, sofern man ihn als Fremden erkannt hätte, nicht nur nach Hause geschickt, sondern dorthin geprügelt.[5]

Am 5. Dezember ist im „Hintermarktlen" im wahrsten Sinne „der Teufel los". Kein Wunder, ist es doch der letzte Tag vor dem großen Einlauf auf dem Hauptplatz der Marktgemeinde. Beim so genannten „Z'sommeleiten" auf dem Hauptplatz treffen sich Hunderte Klaibaife und sammeln sich ein wenig oberhalb des „Rauter Platzes". Auf dem Platz selbst stehen ebenfalls Hunderte Passanten in einem Kreis. Dabei bilden sie eine Kette, die aus einigen menschlichen Reihen besteht. Besonders beliebt sind bei den Klaibaifen natürlich die weiblichen Teilnehmer. Früher durften nur die ledigen Männer am Klaubauflaufen teilnehmen. Heutzutage können die Mannen Klaubauf gehen, so lange sie Lust dazu haben. Daher ist das „Klaubaufs-Rudel" altersmäßig bunt gemischt.

Kurz nach Mitternacht bricht plötzlich das Inferno los; die rund 200 Klaubaufe stürmen wild läutend auf den Rauter Platz und versuchen die menschliche Kette zu sprengen, um sich ein „Opfer" aus der Menge zu greifen. Sprengt ein Klaubauf die Kette, kommen ihm sogleich seine Kameraden entgegen und versuchen ebenfalls den Schwachpunkt zu nutzen.

Das Opfer wird jedoch nicht, wie es oft fälschlicherweise erzählt wird, willkürlich verdroschen, sondern der Klaubauf packt den „Nachgeher" an den

Klaibaife in Virgen

Klaubauf beim Niederreißen (Virgen)

Kleidern und zerrt ihn zu einem freien Platz. Dort lässt sich der Klaubauf unerwartet nach hinten fallen und zieht das Opfer mit sich zu Boden. Kurz bevor der Teufel selbst auf den Rücken fällt, dreht er sein Opfer und lässt es auf den Boden fallen. Ist dies geschehen, ist der ganze Spuk vorbei und der Klaubauf reicht seinem Opfer die Hand, um ihm beim Aufstehen zu helfen. Danach versammeln sich die Klaibaife und wiederholen das einige Male.

Verletzungen sind dennoch nicht auszuschließen, doch die meisten resultieren aus unglücklichem Ausrutschen, Umtreten mit dem Fuß bei der Flucht vor den anstürmenden Maskenträgern oder einfach aus einem unglücklichen Fall beim „Raufen". Damit sich die „Kämpfe" in einem gewissen Rahmen halten, sorgen freiwillige Ordner für einen geregelten Ablauf.

Beim letzten Ausläuten versammeln sich die Klaibaife beim Hotel Rauter und nehmen ihre Masken ab. Nachdem der Nikolaus mit dem Stab ein Zeichen gibt, laufen die Klaibaife ein letztes Mal einige Runden im Kreis und läuten den Brauch aus. Zur Belohnung ihrer eigenen Leistungen veranstalten sie alljährlich am Stefanitag (26. Dezember) den Klaubaufgunggl. Finanziert wird ihr Fest durch das erbettelte Geld der Lotter und Litterinnen.

*Nikolaus mit Engele
(Virgen)*

*Litterin und Lotter
(Virgen)*

Ein zentraler und sehr beliebter Bestandteil des Brauches war bis in die 70er Jahre des 20. Jahrhunderts auch das so genannte „Tischheben" oder „Tischziehen" mit den Klaibaifen. Dabei mussten die Hausbesitzer nach dem Nikolaus, seinen Engelen, dem Lotter und der Litterin und dem Spielmann natürlich auch einige Klaibaife ins Haus lassen.

Diese erspähen dann hinter einem massiven Stuben- oder Küchentisch einige starke Männer die nur auf die verkleideten „Tischzoicher" warten. Nicht selten waren auch die dahinter sitzenden Mädchen und Frauen mit ein Grund, weshalb sich die Klaibaife so außerordentlich viel Mühe dabei gaben und auch noch immer geben. Mit einem Ruck versuchen die Tischzoicher den Tisch ins Freie zu schaffen, doch die Männer hinter dem Möbelstück tun als „Tischheber" ihr Bestes, um dies zu verhindern. Dabei kommt es zu allerlei Balgereien zwischen den beiden Gruppen, und es kann durchaus sein, dass so manches Möbelstück zu Bruch geht. Auch der Tisch wird oft nach einiger Zeit ins Freie geschafft, und wenn er in seine Einzelteile zerlegt werden muss. Die dreisten „Tischheber" schleppt man zur Strafe gleich mit. Außer Haus springen die Klaibaife auf dem Tisch, oder was davon übrig ist, wild herum.

Selbst der Nikolaus schwang in Matrei nicht selten auf dem Tisch triumphierend den Hirtenstab. Geschah dies, so war es ein schlechtes Omen für das kommende Jahr, da die Winterdämonen siegreich waren. Speziell in den 60er Jahren war das Tischziehen ein prestigeträchtiges Handeln. Aufgrund der immer größer werdenden Glocken und der damit verbundenen Schäden an Türstöcken und verputzten Hausecken durften die Klaibaife nur mehr in wenige Häuser, um den Tisch ins Freie zu befördern. Dies lieferte den verkleideten Burschen natürlich einen zusätzlichen Anreiz. Nach dem „Tischheben" werden die Anwesenden meistens noch mit Schnaps bewirtet, ehe die Klaibaife mit dem Nikolaus zum nächsten Haus und Tisch weiterziehen.

Heute hat dieser Brauch seinen ursprünglichen Sinn verloren und dient hauptsächlich zur Kraftprobe. Mittlerweile wird er in vielen Gemeinden überhaupt nicht mehr ausgeführt. In Oberlienz, Ainet und Huben wurde hingegen diese Brauchtumstätigkeit seit 1997 für Schaulustige im Freien veranstaltet. In diesen Ortschaften ist das Tischziehen noch äußerst beliebt. Die Matreier lehnen dies als künstlich inszeniertes Schauspiel jedoch kategorisch ab.

In Lienz und im Lienzer Talboden, teilweise auch im Osttiroler Oberland sind die Krampusse, wie sie dort heißen, mit Ketten, Ruten und Ruß ausgestattet. Fällt man einem dieser finsteren Gesellen in die Hände, so kommt man entweder nur mit Striemen am Hintern oder mit rußigem Gesicht wieder aus seinen Fängen. Da es vor einigen Jahren jedoch zu Übergriffen der „anony-

„Tischzoichn" in Ainet

Beim „Tischzoichn" in Ainet wird hart zugelangt.

men" Maskenträger gekommen ist, trägt jetzt jeder Krampus eine klar sichtbare Nummer und ist unter dieser auch registriert. Bei einem Zwischenfall kann der entsprechende „Teufel" einwandfrei identifiziert werden.

Auch weiter westlich im oberen Pustertal treten Krampusse auf. Das größte Krampuslaufen in diesem Gebiet wird zentral in Toblach veranstaltet. 200 Teilnehmer kommen dort zusammen, auch von Innichen.

Woher der Brauch des Klaubaufgehens und Tischhebens kommt, ist nicht eindeutig feststellbar. Volkskundler Lois Ebner schreibt im Gemeindebuch von Matrei, dass sich der Klaubauf-Brauch aus dem „Perchtengehen" entwickelt hat. Andere behaupten ebenfalls, dass es sich beim Klaubaufgehen um ein heidnisches Ritual handle. Siegmund Kurzthaler, Lehrer und jahrelanger Chronist der Gemeinde Matrei glaubt: *„Die Ursprünge und die Ursache des Klaubaufgehens liegen trotz vieler Spekulationen im Dunkeln. Sicher scheint zu sein, dass das Klaubaufgehen mit heidnischen Bräuchen, wie dem anderorts üblichen Perchten- und Schemenlaufen, vergleichbar ist. Die zentrale Figur des Klaubauftreibens ist der Hl. Nikolaus, welcher als christliches Element dem heidnischen Brauch zugestellt wurde, wie ja auch viele andere Bräuche christianisiert wurden."*[6]

Laut Eberhard Kranzmayer war der Name „Percht" in Tirol schon im 8. Jahrhundert verbreitet. Damit verbundene Umzüge könnte es demnach ebenfalls schon gegeben haben. Erst im 10. Jahrhundert griff der Nikolauskult. Vereint wurden die beiden Brauchtümer zwischen dem 12. und 14. Jahrhundert. Zumindest erfolgte in diesem Zeitraum die Umstellung des Termins für das „Knaben-, oder auch Schülerbischoffest" auf den 6. Dezember.[7]

Die neuere volkskundliche Deutung hat indes starke und begründete Zweifel an der heidnischen Herkunft des Brauches vorgebracht (Näheres hierzu siehe im Kapitel über die Nikolausspiele).

Doch zu welchem Zweck diente der Brauch? Die einen behaupten, dass er zur Vertreibung der Dämonen des Winters diente und auch weiterhin dienen soll oder als Beschwörung der Fruchtbarkeit des germanischen Sonnengottes gedacht sei. Jedoch ist keine dieser Thesen beweisbar, ebenso wenig sind sie widerlegbar. Der Matreier Pfarrer Ludwig Kleissner sieht im Klaubauf ohnehin nur die bildliche Darstellung des Teufels. In Innervillgraten hat sein Priesterkollege Alban Ortner in den 70er Jahren des 20. Jahrhunderts dem Krampustreiben überhaupt ein Ende gesetzt.

Selbst der Name Klaubauf ist nicht eindeutig zu erklären. Andreas Schmeller glaubt, dass der Name Klaubauf daraus resultiert, dass der böse Begleiter des Nikolaus „die bösen Kinder in den Sack zu stecken droht", also die Kinder „aufklaubt". Otto Koenig führt die Bedeutung jedoch auf andere Wurzeln zurück. Er leitet die Silbe „klaub" vom gotischen „hlaupan" (= im Kreise hüpfen, tanzen) ab und addiert dazu die zweite Silbe „auf" im Sinne von „aufwärts, hinauf". Daraus ergibt sich für ihn die Bedeutung „Springer, Tänzer", was nicht nur den Bewegungen des Klaubaufs entspricht, sondern auch auf das Gehabe anderer im Winterbrauchtum auftretender Gestalten zutrifft.[8]

Selbst der Name Klaubauf ist, im Gegensatz zum Krampus, eine rein mundartliche Bezeichnung, und deshalb heißt die Mehrzahl dieser Gesellen weder „Klaubaufe", noch „Klaubäufe" oder „Klaubaufs", sondern ortsüblich „Klaibaife".

Auch der Nikolaus soll hier nicht zu kurz kommen. Geboren wurde der spätere Bischof zwischen 280 und 286, als Sohn des reichen, frommen und wohltätigen Euphemius. Für seinen kirchlichen Werdegang war jedoch sein Onkel Nikolaus der Ältere, Bischof von Myra und Lykien, südliches Kleinasien, wesentlich bedeutender. Er war es auch, der den jungen Nikolaus zum Priester weihte.

Seine Eltern lebten zu diesem Zeitpunkt nicht mehr, weil eine Pestepidemie beide dahingerafft hatte. Daraufhin verteilte Nikolaus das geerbte Vermögen an die Armen. Von seinem Onkel als Abt eingesetzt, pilgerte Nikolaus nach dem Tode seines geistlichen Verwandten ins Heilige Land. Nach seiner Rückkehr wurde er zum Bischof von Myra ausgerufen.

Unter der letzten Christenverfolgung unter Kaiser Galerius im Jahre 310 hatte Nikolaus durch Einkerkerung und Folter schwer zu leiden und bekam dadurch den Beinamen „Bekenner".

Auf dem Konzil zu Nicäa, 325 nach Christus, tat er sich neben anderen Bischöfen vor allem als Verteidiger der Wesensgleichheit der drei göttlichen Personen, Gott Vater, Gott Sohn und des Heiligen Geistes hervor.

Er starb schließlich an einem Freitag, dem 6. Dezember, entweder 345 oder 351, im Alter von 65 Jahren. Es dauerte nicht lange, und die ersten Legenden rankten sich um den verstorbenen Bischof.

Eine davon erzählt von drei Offizieren, die unschuldig in Konstantinopel wegen Hochverrats eingekerkert waren. Vor ihrer Hinrichtung riefen sie den hl. Nikolaus um Hilfe an, der daraufhin Kaiser Konstantin im Traum erschien, und von diesem unter der Androhung der Rache Gottes die Freilassung der drei Offiziere forderte. Der Kaiser tat dann auch wie ihm geheißen und ließ die Soldaten frei.

Eine andere Legende des Schüler- und Kinderpatrons zeugt von seiner Wohltätigkeit. Drei Töchter eines verarmten Edelmannes sollten verheiratet werden. Da aber keine Mitgift vorhanden war, sollten sich die Mädchen als Prostituierte die Aussteuer verdienen. In der Nacht warf der heilige Nikolaus jedem der drei Mädchen jedoch eine goldene Kugel aufs Bett, woraufhin die Töchter ehrbar verheiratet werden konnten.

Nikolausspiele im Oberen Pustertal

Von scheinbar ganz anderer Art als das Klaubauf- und Krampustreiben, aber doch wieder eng damit zusammenhängend, ist das Nikolausspielen, wie es sich in manchen Gemeinden des Südtiroler Pustertals erhalten hat bzw. nach Zeiten des Verfalls eine gewisse Renaissance erlebt, im Sinne eines reaktivierten Brauches.[9] Diese Form des Gedenkens an den Heiligen Nikolaus hat ebenfalls nur bruchstückhaft mit seiner historischen Persönlichkeit zu tun. In der Hauptsache handelt es sich nämlich um ein Schauspiel, das als eine Art

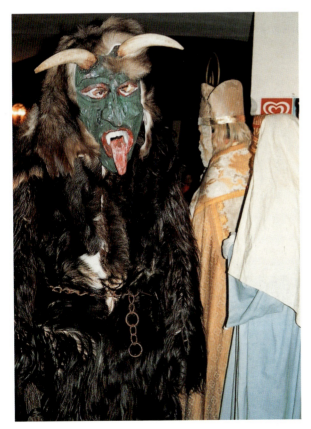

Nikolausspiele in Innichen und Umgebung (Alle Fotos von S. 91 bis S. 100 sind in der Kugler Weinstube sowie im Hotel Grauer Bär in Innichen aufgenommen worden.)

Lehrstück in Verbindung von dramatischer und lyrischer Form die Menschen zum Nachdenken über ihre Taten und über den Widerspruch von Worten und Taten bringen soll. Dass dies freilich nicht immer ganz ernst sein kann, versteht sich bei solchen Volksschauspielen von selbst. Sie sind im Gegensatz zu den Aufführungen der Berufsschauspieler fast immer durch eine natürliche Grobheit und Direktheit geprägt, nicht selten aber auch durch Witz und Bauernschläue.

Bei der Frage nach der Herkunft des Nikolausspielens zeigt sich wieder die Schwierigkeit, den „älteren" Erklärungsversuch zu belegen, wonach dieser Brauch – wie seit über hundert Jahren von vielen anderen Bräuchen behauptet wird – aus vorchristlicher Zeit stamme, also heidnischen Ursprungs sei. Sicher wird es bereits Formen vorchristlicher Kultspiele gegeben haben, in denen sich etwa die Jahreszeiten spiegelten, darunter Feiern zur Sommer- und Wintersonnenwende. Vielleicht wurden diese in dem einen oder anderen Fall bei den Landnahmen verschiedener Stämme im späteren Tiroler Raum auch übernommen und weitergepflegt.[10] Doch wie bei vielen Bräuchen lässt sich eine solche Abkunft wiederum nicht belegen. Der Matreier Ethnologe Karl Berger hält eine solche Theorie, wie sie hauptsächlich seit dem 19. Jahrhundert in großem Stil aufgekommen ist, nicht für wahrscheinlich. Er ist ein Anhänger eines „neueren" Erklärungsversuchs, wie er heute in der

Volkskundewissenschaft an den Universitäten zunehmend größere Berücksichtigung findet. Demnach seien viele Bräuche, die wir normalerweise als heidnisch deuten, erst nach der Christianisierung im sogenannten „Mittelalter" entstanden[11], mithin irgendwann zwischen der Völkerwanderungszeit nach dem Untergang des Römischen Reiches bzw. Weströmischen Reiches und dem Ende des 15. Jahrhunderts (wie man das „Mittelalter" ungefähr abgrenzen kann). Ein heidnischer Entstehungszusammenhang sei demgegenüber oft nur auf eine viel spätere Behauptung zurückzuführen, die jedoch mehr auf dem Kombinieren aus dem Verstand heraus beruhe als auf den tatsächlichen Bedingungen des geschichtlichen Ablaufs. Inwiefern dabei ältere Traditionen konkret einwirkten, lässt sich kaum rekonstruieren.

Was die Nikolausbräuche in ihrer Gesamtheit betrifft – nämlich sowohl die Umzugs- und Einkehrbräuche als auch die Nikolausspiele –, so kann man deren Entstehung im „Mittelalter" recht gut belegen. Verschiedene Komponenten vereinigen sich und stehen an ihrem gemeinsamen Anfang. Während sich der Kult um den Heiligen Nikolaus v. Myra spätestens seit dem 6. Jahrhundert verbreitete[12], hat sich die eigentliche Brauchfigur des Nikolaus aus dem mittelalterlichen „Knabenbischof" entwickelt.[13] Man wählte aus der Mitte der Schüler einen der ihren, der einen Bischof darstellen sollte; jedoch, wie Berger hinzufügt, ursprünglich nicht den hl. Nikolaus! Dieser Knabenbischof beklei-

dete sich mit den Gewändern und Insignien eines kirchlichen Würdenträgers. Die folgende Prozession, an der auch Maskierte teilnahmen, wurde als Schüler- bzw. Narrenfest gestaltet, womit die Tradition in engem Zusammenhang mit den Narrenfesten und Fastnachten jener Zeit stand. Man hielt sie am 26., 27. oder 28. Dezember ab, doch ist spätestens im 14. Jahrhundert die Verlagerung auf den 6. Dezember erfolgt, was bedeutete, dass von nun ab nicht mehr irgendein Bischof, sondern der hl. Nikolaus dargestellt wurde.

Waren es zunächst theologische und pädagogische Ziele, die mit dem Knabenbischofspielen verbunden waren, so zeigten sich alsbald auch die Schattenseiten, denn die im Klosterbezirk Herumziehenden begannen zu heischen (sammeln). Daher wurde das Spiel erstmals 1249 verboten. Lange kann das Verbot nicht gewirkt haben, ebenso wenig wie ein Verbot, das 1435 vom Konzil von Basel erlassen wurde. Der Brauch setzte sich einschließlich des Einkehrens und Beschenkens durch, Letzteres auch kombiniert mit einem privaten Bescherungsbrauch.[14]

Im Tiroler Raum dürfte das eigentliche Nikolausspielen im 17. Jahrhundert begonnen haben[15], und zwar in Form von in Klöstern entstandenen Predigten für Knechte und Mägde.[16] Wie alles, was aus der Kirche herauswächst und in die Hand der in ihrem Alltag verwurzelten Menschen gerät, sind die Spiele irgendwann freilich etwas verändert worden. Die Menschen überneh-

men gern die Aufgabe, religiöse Deutungen zu geben, was wiederum der Kirche – ebenfalls verständlich – keineswegs gefällt, da sie die Deutungsmacht behalten will. So verwundert es nicht, dass das Schauspiel nach großer Blütezeit 1795 verboten wurde. Während des 19. Jahrhunderts gab es einen stetigen Verfall, doch hielt es sich in manchen Tiroler Gegenden noch einige Zeit (Angerberg im Unterinntal 1830; Sexten im Pustertal ca. 1840; Flirsch im Stanzertal letztmals 1926).[17] Eigenartigerweise lässt sich das Nikolausspiel für den südlichen Teil Tirols erst 1794 in Prags, in einem Seitental des Pustertals, nachweisen, doch schon bald scheint es in jener Gegend, im Südosten des Landes Tirol, um sich gegriffen zu haben – so auch im heutigen Osttirol.[18] Das Spiel hielt sich jedoch dort nicht allzu lange, denn wenn es etwa um 1850 auch in Lienz einige Bedeutung gewonnen zu haben schien, verschwand es schon wieder gegen Ende des 19. Jahrhunderts. Lediglich in Kartitsch und Thurn soll es noch bis in die zweite Hälfte des 20. Jahrhunderts als Brauch aufgetreten sein.[19] Sehr viel stärker hat es sich trotz aller Beschränkungen indessen in jenem Teil des südöstlichen Tirol gehalten, der 1919 von Italien annektiert wurde. Dort findet auch heute noch in oft unregelmäßiger Folge das Nikolausspielen statt und wurde zum Teil wieder neu zum Leben erweckt. Erfreulich dabei ist, dass es vom Bezirk Bruneck wieder in den Bezirk Lienz ausstrahlt.

Auch italienische Touristen sind begeistert und erstaunt, ihre Kinder wissen nicht so recht, ob sie sich fürchten sollen.

Im Südtiroler Pustertal wird das Nikolausspielen noch in Prags ausgeübt, ebenso in Gsies, Terenten (Obervintl), Pfalzen, Gais und Prettau im Ahrntal. In Innichen und Winnebach konnte man es vor kurzem bewundern. Während es sich in Prags mit einer Masse von Figuren sehr aufwändig gestaltet und manchmal zehn bis 15 Jahre nicht stattfindet, sind in Innichen weit weniger Figuren beteiligt.[20]

In Innichen versuchte man sich an der Tradition insofern zu orientieren, als man ein kurzes Stubenspiel aufleben lassen wollte. Dies geschah erstmals 1980, wobei man keinen Raum hatte und daher aus der Not eine Tugend machte: Man ging in Gasthäuser und ließ die Anwesenden direkt Anteil nehmen. Ein Schauspiel wie das Pragser Nikolausspiel hat seinen eigenen Reiz, weil es auf einer Bühne aufgeführt wird und bis zu einundeinhalb Stunden dauert. In Innichen hat man einen Text aus Winnebach genommen, denn eine eigene Tradition des Innichner Nikolausspiels ist nicht überliefert. Annemarie Oberhofer nutzte als Vorlage eine Aufzeichnung aus dem Jahre 1935, die der 1911 geborene Winnebacher Nikolaus Trojer aufgrund alter Überlieferung während seiner Militärdienstzeit im italienischen Heer in Terni zusammengestellt hatte.[21] Sie bearbeitete das Manuskript, indem sie es in dem einen oder anderen Punkt an die heutigen Erfordernisse anpasste; wenn alle paar Jahre das Nikolausspiel zur Aufführung kommt, finden sich auch Hinweise auf aktuelle politische Auseinandersetzungen oder Ähnliches, was ebenso amüsant wie geistig anregend auf die Zuhörer wirkt.

Beim Innichner Nikolausspiel treten folgende Personen auf: Zunächst der „Bajaz", eine Figur, die aus dem venezianischen Raum zu stammen scheint (Bajazzo) und sich auch bei den Umzügen im osttirolischen Defereggental noch erhalten hat. Es folgt der „Doktor", nicht dem heutigen Naturwissenschaftler ähnlich, sondern eher der Typ eines Scharlatans, der dem „Jungen Weib" Schmerzen beim Zahnziehen zufügt und gerne seine Wundermittel verkaufen möchte. Diese Szene erinnert an die Quacksalberszene aus dem Neustifter Osterspiel vor vielen Jahrhunderten; sie artete aus, da die Leute sich damit auch an der Obrigkeit gerächt haben, was schließlich zum Verbot des Osterspiels führte.

Der „Zillertaler" war eine Figur, die früher oft ins Pustertal kam und als Krämer („Krumer") im südöstlichen Tirol Handel trieb. Schnell wird er vom „Gendarmen" in die Schranken gewiesen und in Gewahrsam genommen.

Der „Pfarrer" und das „Sterzinger Mandl" bilden einen schönen Kontrast: Während der schwerhörige Bauer lediglich an sein irdisches Glück denkt und seine wirtschaftlichen Probleme bejammert, sieht der Geistliche nur auf die Ta-

ten des Bauers im Hinblick auf dessen Vorbereitung für das Jenseits, was freilich leicht fällt, wenn man selbst, wie der Pfarrer, im Diesseits aller Versorgungsprobleme enthoben ist. Beide reden in klassischer Weise aneinander vorbei und repräsentieren ziemlich verwerfliche Typen.

„Engel", „Nikolaus", „Luzifer" und die „Teufel", wobei letztere eigentlich Krampusse sind, dürfen natürlich nicht fehlen. Das „Alte Mandl" wünscht sich den Tod, aber kaum steht der „Tod" neben ihm, möchte es lieber doch noch leben. Da kennt der „Tod" allerdings keine Gnade und gibt nicht einmal Zeit für die letzte Reue. Das „Alte Weib" darf nach bösen Kommentaren über das eigene Leben einen Teufelstanz absolvieren, denn alles was ihr Mann versprochen hatte, war erstunken und erlogen. Schließlich weist nach allem Unheil der „Nikolaus" den „Luzifer" in die Schranken.

Das Innichner Nikolausspiel wurde 2003 auch in Toblach, Niederdorf, Sexten, Vierschach, Heinfels und Winnebach aufgeführt. Besonders an die Erlebnisse im Gasthaus Heinfels erinnert sich Annemarie Oberhofer gern: Zwar waren die Spiele in Heinfels nicht mehr bekannt, aber das Publikum machte mit, so dass es zu einem Dialog kam; eine Eigendynamik, die das Nikolausspiel sehr belebte.

Aus besonderem Holz geschnitzt

Eine Klaubauflarve zu schnitzen ist eine wahre Kunst, die äußerst viel Geschick erfordert. Viele versuchen sich darin und schaffen dabei echte Einzelstücke, die in Form und Ausdruck geradezu ästhetisch wirken. Allerdings gilt es bei der Larvenschnitzerei einige Kriterien zu erfüllen, denn niemand freut sich darüber, wenn die Maske zu eng oder zu unbequem ist. Außerdem kann sie bei falscher Herstellung leicht „kloiben", was so viel heißt wie gespalten werden.

Klaubauf- und Krampuslarven gibt es im Bezirk zahlreiche, und bei manchen kann man schon aufgrund ihrer Gesichtszüge, Form und Farben den „Larven-Schnitzer" erkennen. Die wohl älteste ist der so genannte „Zedlach-Glaggler". Diese schmale Teufelsfratze mit riesiger Nase, meist in Schwarz gehalten, hat einen beweglichen Unterkiefer. Deshalb trägt die Maske auch den eigenartigen Namen. Geschnitzt wurden die ersten „Glagglere" angeblich von einem Zedlacher mit dem Namen Zipper.[22] Es waren auch die ersten Larven in Matrei.

Der hochbegabte Schnitzer Tobias Trost vulgo Kuroten (1899-1975) sorgte dafür, dass die „Marktlere" (Matreier) ihren eigenen Klaubauf bekamen. Er schuf neben vielen Klaubaufmasken auch die Totenkopflarve und reihte diese somit nahtlos in das Klaubaufgeschehen ein. In Lienz findet man diesen Typus eher selten. Dort tragen viele Krampusse Ziegenhörner oder sehen auch sonst eher dem Teufel ähnlich. Besonders auffallend sind dabei die

Der Zedlach-Glaggler

weißen Larven von Kurt Glänzer. Kirchenbilder und ihre darauf abgebildeten Teufel und Dämonen dienten den Schnitzern oft als Vorbild.[23]

Mittlerweile hat in die Schnitzereibuden und Bildhauerstuben auch die Filmwelt Einzug gehalten, und man kann, je nach filmischem Großereignis, die Figuren in der ersten Woche im Dezember wiederfinden. Besonders die „Orks" und die „Uruk Hais" aus dem Epos „Herr der Ringe" sind dieser Tage ein beliebtes Larvenmotiv. Dadurch bietet auch die Larve als Kunstobjekt ein sich ständig wandelndes Bild.

Was muss man allerdings beachten, wenn man eine hölzerne Larve schnitzt? Der junge Virger Holzbildhauer Michael Lang, Absolvent der Fachschule für Holzbildhauerei in Elbigenalp, verrät und erklärt die einzelnen Schritte bei seiner Arbeit in seinem Lienzer Atelier (nachfolgend auch im Bild):

„Zum Herstellen einer Larve benutze ich Zirbenholz. Es ist leicht zu bearbeiten und ermöglicht mir, der Larve feinere Gesichtszüge zu verpassen. Man muss jedoch darauf achten, die Larve nicht aus einem Stück Holz zu schnitzen, sondern Teile zusammenzuleimen. Ich leime meistens drei 10 cm dicke Holzbalken zusammen. Dadurch wird dem Holz die Spannung genommen, und man kann auf diese Weise einem selbständigen Spalten der Maske entgegenwirken.

Der gebrochene und zusammengeleimte Holzklotz hat eine Höhe von 32 cm, eine Breite von ca. 30 cm und eine Tiefe von rund 25 cm. Diesen spanne ich auf ein Gestell in meiner Werkstatt und gebe ihm mit einer Motorsäge die ersten groben Konturen. Die Kanten im vorderen Bereich des Gesichts spare ich auf, um sie dann als Ohren anzuleimen.

Als dritten Schritt zeichne ich eine Triachse auf das zukünftige Gesicht. Damit kann ich ersehen, wie ich das Gesichtsfeld der Larve einteilen kann. Nachdem ich weiß, wo ich bei dem Klotz Augen, Nase und Maul platziere, beginnt das ‚Anhauen'. Mit einem Eisen und einem Knüppel haue ich grob die Augen, die Ohren und die Nase aus dem Holz. Danach beginnt das ‚Anlegen', wo man die Einzelheiten wie Falten, die Augenpartie, die Nasenflügel oder aber auch den heiklen Teil des Mundes mit der Zunge und den Zähnen mit einem Schnitzeisen formt. Die absoluten Feinheiten erfolgen beim ‚Nachputzen'. Dort werden die letzten Kleinigkeiten korrigiert und verziert.

Zum Aushöhlen der Maske kommt wieder die brachiale Motorsäge zum Einsatz. Damit die Kanten im Inneren der Larve niemanden stören, wird sie innen nachgeschnitzt und geschliffen. Dann wird die Larve wieder auf den Bearbeitungsstand geklemmt und weiß grundiert. Beim Bemalen der Maske halte ich eine gewisse Reihenfolge ein. Als Erstes bemale ich die größeren Flächen. Die Ausnahme bilden dabei das Maul und die Augen. Diese kommen erst bei der

Feinmalerei zum Zuge. Den Unterschied und die Feinheiten zwischen den Zähnen und der Zunge sollte man von der restlichen Larve doch leicht auseinander halten können.

Zu guter Letzt bemale ich die Augen. Ich warte damit extra bis zum Ende, da ich so die Farbe der Augen passend zur Färbung der gesamten Larve machen kann. Auch die Richtung, in welche der Klaubauf schauen soll, kann ich so vornehmen. Es ist nämlich wichtig, dass die Augen des Klaubaufs, wie bei einer Schlange, hypnotisierend wirken.

Nachdem auch dieser Schritt getätigt wurde, kommt ein Allwetterlack über die Holzlarve. Dann kommen je nach Modell noch lange zottelige Pferdehaare auf den Kopf, die am oberen Teil der Maske befestigt werden. Damit man die Leim- und Klammerstellen beim Haaransatz nicht sieht, mache ich über eben diese Stelle das ebenfalls farblich abgestimmte Fell am Hinterkopf fest.

Den inneren Teil der Larve polstere ich mit einem Stück Fell aus. Und zwar so, dass die Lederseite innen ist. Dadurch wird die Haut im Gesicht nicht so stark gereizt. Andere polstern die Larve einfach nur mit Schaumgummi aus. Das ist aber wie die gesamte Larvenschnitzerei individuell verschieden." (Holzbildhauer Michael Lang, 16. September 2003)

Aufgrund des Arbeitsaufwandes bewegen sich die Kosten für eine derartige Klaubauflarve zwischen 500 und 700 Euro. Natürlich ist nach oben hin keine finanzielle Grenze gesetzt, doch manche Liebhaber hält dieser Preis nicht davon ab, fast jedes Jahr ein neues „grässlich dreinschauendes" Kunstwerk zu erwerben. Manche dieser kostbaren Larven werden nicht einmal getragen, sondern überdauern die Jahre an einer Wand im Stiegenhaus oder in einer sonstigen Räumlichkeit.

Auch als Souvenirs sind die Osttiroler Klaubauflarven sehr beliebt. Bei manchen Larvenschnitzern gibt es sie dazu außerdem noch im viel billigeren Kleinformat.

Dass die Faszination der „Larven" auch in der Moderne ungebrochen ist, beweisen die einzelnen Klaubauflarven-Ausstellungen. Jahr für Jahr brechen diese ihre eigenen Besucherrekorde. Und dort kann man auch besonders gut feststellen, welche Regionen Osttirols welchen Teufelsmaskenstil pflegen und bevorzugen.

Während die hölzernen Masken ihre Tradition verteidigen, verlieren die leichteren Aluminiummasken und Papierlarven immer weiter an Bedeutung. Denn viele Osttiroler „Klaibaife" sind viel zu stolz, um mit einer nicht aus Holz geschnitzten Larve aus dem Haus zu gehen. Denn Holzmasken sind eben traditionsbeladener, und Tradition „braucht" man eben bei einem Brauchtum!

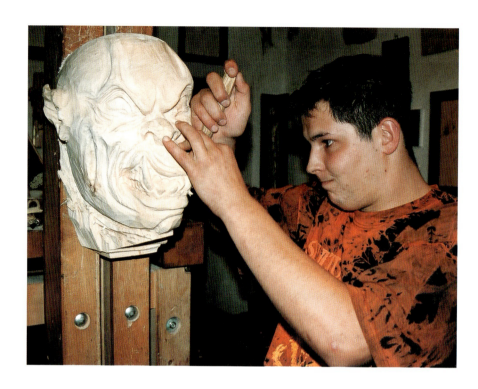

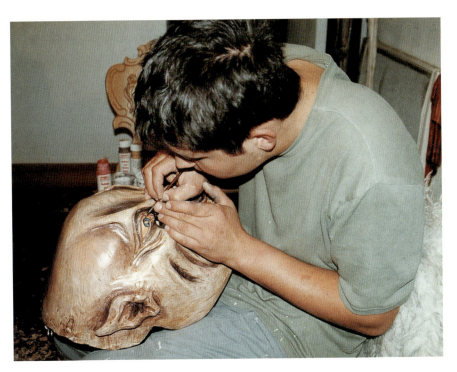

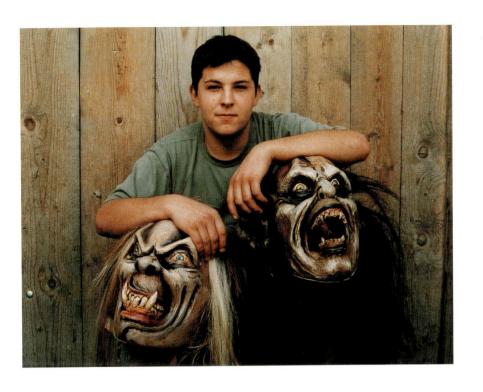

Grundlagen der Adventszeit

Wenn das Kirchenjahr im Herbst abschließt, also einige Zeit vor dem Jahreswechsel der uns gewohnten Jahreseinteilung, beginnt mit dem neuen Kirchenjahr am 25. November zugleich schon die Vorbereitung auf Weihnachten, die Adventszeit. Advent kommt aus dem Lateinischen und bedeutet, dass nun die Zeit der Ankunft des Herrn naht. Daher hielt man früher auch oft eine vierwöchige Fastenzeit ein, die allerdings heute gänzlich verschwunden ist. Aus dieser Zeit, die eigentlich mit dem „Kathreintag" am 25. November beginnt, stammt auch der Spruch: „Kathrein stellt den Tanz ein" (in Kartitsch außerdem: „Kathrein sperrt die Geig'n ein").

Das Brauchtum im Advent ist einerseits gekennzeichnet durch eine zumindest vorgesehene Zeit der Stille und des Rückzugs in die Familie, andererseits durch die Unterbrechung in den Tagen um St. Nikolaus, wenn der Nikolaus mit den Klaibaifen oder Krampussen und weiteren merkwürdigen Gesellen durch die Straßen zieht. Da trifft Heiligenverehrung auf andere Überlieferungen, bei denen auch böse Geister eine Rolle spielen.

Die Adventszeit dauert etwa vier Wochen, wobei die vier Adventssonntage nicht immer gefeiert werden können, da durch die jährlichen Datumsverschiebungen manchmal der vierte Adventssonntag „zu spät käme" und daher entfallen muss. Gelegentlich trifft er aber auch mit dem Heiligen Abend zusammen.

Der Advent soll eine Zeit der Besinnlichkeit sein. Die tiefere Absicht war, den Menschen zu sich selbst zurückzuführen und ihn durch eine Zeit der Läuterung innerlich auf Weihnachten vorzubereiten. Wenn sich auch nicht jeder Brauch langfristig und in ständiger Kontinuität erhalten kann, so ist es doch bedauerlich, dass die Adventszeit heute oft ins Gegenteil verwandelt worden ist. Lautstärke, Stress, Hektik und innere Unruhe sind mehr und mehr an die Stelle von Besinnlichkeit, Stille und Gemütlichkeit getreten. Dadurch geht etwas verloren, was den Menschen früher manche Stärkung gegeben hat.

Eine besondere Bedeutung kommt im Advent dem Adventkranz zu. Bereits in vorchristlicher Zeit spielten Kränze eine große Rolle. Grüne Kränze und Strohkränze, so glaubte man, brächten Segen und wehrten Unheil ab. Vor allem jenes Unheil, das die Ernte stören könnte.

Adventfeier bei Familie Lang (Schmiedla), Obermauern

Meistens versah man diese Kränze mit Bändern in roten und goldenen Farben, den Farben des Lichtes und des Lebens. Die Form eines Ringes hat sich bis heute erhalten und symbolisiert nach wie vor die Ewigkeit sowie die Sonne und den Erdkreis.

Den ersten Adventkranz in neuerer Zeit bastelte ein Geistlicher. Der evangelische Theologe J. H. Wichern aus Hamburg wollte damit seinen Schützlingen im Erziehungsheim im Jahre 1850 eine Freude machen.

Dieser Adventkranz war aus Holz; jeden Tag wurde eine Kerze mehr angezündet. Somit war er Kranz und „Adventkalender" zugleich. Die Sonntage waren durch vier größere Kerzen markiert. Im Laufe der Zeit schmückte man den Adventkranz mit grünen Zweigen von Nadelbäumen, ehe sich in den 20er Jahren des 20. Jahrhunderts der Kranz in den ländlichen protestantischen Familien durchgesetzt hat. Heute kennt man diesen grünen Ring mit seinen vier Kerzen überall. Abends versammeln sich die Familienmitglieder um den Adventkranz und gehen mit den Rosenkranzgebeten in sich.

Damit die Zeit für die Menschen bis zum Weihnachtsfest übersichtlich ist, ersannen die Vorfahren die Einführung eines Adventkalenders. Mittlerweile gibt es viele Formen dieses Kalenders. Selber gebastelte mit Überraschungen drinnen, einfache aus Papier, die Bilder dahinter verbergen oder wieder andere mit Schokolade. Eines haben jedoch alle gemeinsam. Sie enthalten vierundzwanzig Kästchen oder Türchen bzw. Fensterchen, die fortlaufend von eins bis vierundzwanzig, an jedem Tag eines, geöffnet werden. Am Heiligen Abend darf man endlich auch das meistens größte Fenster aufmachen.

In Lienz gibt es seit einigen Jahren ein ganzes Gebäude, das in einen Adventkalender verwandelt wird. Die Liebburg, gleichzeitig das Rathaus, enthüllt an jedem Tag eines ihrer vierundzwanzig Fenster und gibt den vielen Menschen, die bei den Enthüllungen anwesend sind, ein neues Bild frei.

In Kartitsch spendeten die Kinder im Advent dem Christkind das papierene „Opferpfatl". Sie nahmen das Hemd und schnitten bei jedem erbrachten Opfer Ecken hinein. Durch dieses „Opferpfatl" wollten sie dem Christkind Freude schenken.

Barbaratag

Der Tag der heiligen Barbara (4. Dezember) beruht auf einer Überlieferung, die in einer Märtyrergeschichte ihren Ausgangspunkt nimmt und diese mit einem Symbol der Hoffnung zu verbinden sucht.

Laut einer Legende stammte Barbara aus dem östlich von Konstantinopel (Byzanz) gelegenen Nikomedien. Ihr Vater Dioskurus, ein wohlhabender Kaufmann, suchte sie vor christlichen Einflüssen zu schützen und mit einem Heiden zu verheiraten. Immerhin drohten den Christen in der damaligen Zeit Folter und Tod. Barbara wurde aber von Origenes, einem christlichen Gelehrten, bekehrt.

Also übergab sie der eigene Vater der römischen Gerichtsbarkeit, die die junge Frau in den Kerker werfen ließ. Auf dem Weg dorthin verfing sich ein Zweig, der während eines Sturmes von einem Kirschbaum geknickt worden war, in ihrem Kleid. Sie betrachtete den Zweig und hielt ihn in den Händen. Im Kerker stellte sie den dürren Zweig in einen Becher und gab ihm jeden Tag Wasser.

Als der Tag der Hinrichtung gekommen war und Barbara zum Schafott gebracht werden sollte, schlug der abgebrochene Zweig aus, bildete Knospen, und schon kurze Zeit später schmückten mitten im Winter die schönsten Kirschblüten den kalten, finsteren Kerker. Da bekamen es die Wärter mit der Angst zu tun und wagten es nicht, Hand an Barbara zu legen.

Christkindlmarkt in Abfaltersbach, 8. Dezember 1999

Nachdem ihr Vater diese Ohnmacht der Wärter nicht hatte verhindern können und auch ein römischer Richter sie aufgrund der überzeugenden Rechtfertigungen ihres Glaubens nicht verurteilen wollte, begann das Martyrium. Ihr Vater setzte sie unter Druck, dem Christentum abzuschwören. Als sie weiterhin keinen Gehorsam leistete, ließ er sie foltern. „In der Nacht betrat ein Engel den Kerker, heilte ihre Wunden und erteilte ihr die hl. Sterbesakramente. Als sie am Morgen unversehrt in alter Schönheit ihrem Vater gegenübertrat, geriet dieser so in Zorn, dass er sie von Folterknechten peitschen und quer durch die Stadt treiben ließ und sie schlussendlich selber durch einen Schwertstreich hinrichtete (anno 306). Ein gewaltiger Blitz soll sogleich den Vater erschlagen haben …"[24] Soweit diese Heiligenlegende, hier aus verschiedenen mündlichen und schriftlichen Überlieferungen zusammengesetzt.

Seitdem schneiden am 4. Dezember, dem Barbaratag, die Menschen einen Zweig ab und nehmen ihn mit ins Haus. Bis zum 24. Dezember erblüht der tote Ast und bringt dadurch etwas Mystisches in die Küchen und Stuben Osttirols. Aufgrund dieses alten Brauches, der unmittelbar mit den Geschehnissen um die hl. Barbara zu tun hat, wird er als Barbarazweig bezeichnet; tatsächlich ist hier ein Gemisch aus religiösen Anschauungen (Baum als Symbol für die Übernatürlichkeit Christi), adventlicher Vorfreude und typischem Aberglauben (so viel Blüten, so viel Lebensjahre) zu erkennen.[25]

Barbara, die zu den 14 Nothelfern gehört, ist als vielfache Schutzpatronin bekannt, u.a. für Architekten, Artilleristen, Bauarbeiter, Feuerwehrleute, Gefangene, Köche, Maurer, Totengräber und Zimmerleute.

Rorate

Noch bevor der Morgen graut, befinden sich in der Adventzeit zahlreiche Gläubige auf den dunklen Straßen, um zu früher Stunde zur „Rorate" zu gehen. Manche lassen sich auch von einem weiten Weg nicht schrecken. Die „Oberkalser Digna" aus Zedlach lässt es sich niemals nehmen, in das drei bis vier Kilometer entfernte Virgen zu gehen, da sie nie im Besitz eines motorisierten Fahrzeuges war. Einzig ein Fahrrad erleichterte ihr bei schneefreien Bedingungen die Anreise. Ansonsten stapfte sie durch den oft tiefen Neuschnee über den alten Waldweg, um zur Rorate zu kommen. Sie macht das übrigens auch heute noch.

Die Rorate-Gottesdienste haben ihren Namen von einer Abkürzung erhalten. Eigentlich müsste es richtig heißen: „Rorate coeli-Gottesdienste", denn „Rorate coeli" ist ein Bibelspruch in lateinischer Sprache und bedeutet so viel

*Christbaum
mit Wegkreuz in
Innervillgraten*

wie „Tauet Himmel" – man erinnert sich da gleich an das bekannte Kirchen-
lied „Tauet Himmel den Gerechten, Wolken regnet ihn herab".

In den Rorate-Gottesdiensten wurden früher hauptsächlich Texte gebracht, die sich auf Maria und die Empfängnis bezogen, doch mittlerweile
wird allgemein auf solche Bibelstellen geachtet, die vorbereitend auf das
Weihnachtsfest, auf die Geburt Jesu Christi hinweisen. Inzwischen hat sich
auch die Jugend wieder verstärkt auf die Roraten besonnen und sorgt
für größere Anwesenheit bei den früher oft spärlich besuchten Frühmes-
sen. Besonders in Lienz sind die Rorate-Gottesdienste inzwischen stark besucht.

Herbergssuche

In vielen Osttiroler Gemeinden herrscht heute der Brauch, ein Marienbild von Haus zu Haus zu tragen. Dabei gehen Kinder, meistens Mädchen der Jungschar, an jedem Tag zu einem anderen Haus und bitten um Aufnahme des Bildes mit der Gottesmutter Maria und dem Jesuskind.

Den Marienbildträgern wird der Einlass nicht verwehrt, und sie künden singend vom Schicksal der Gottesmutter. Dabei handelt es sich um die sogenannte Herbergssuche, die die vergebliche Suche Marias und Josefs nach einer Unterkunft, in der Maria ihr Kind gebären hätte können, symbolisieren soll. Für ihre Unterstützung erhalten die Kinder von den Gastgebern oft kleinere Geschenke wie Mandarinen, Erdnüsse oder Süßigkeiten.

Das Bild verstärkt bei den Hausbewohnern das immer stärker werdende Gefühl der nahenden Weihnachtszeit und somit der Geburt des Heilands. Meistens wird das Bild unter das Kreuz im „Herrgottswinkel" gestellt. In vielen anderen Häusern findet es seinen Platz neben dem Adventkranz, vor dem dann jeden Tag ein Rosenkranz gebetet wird.

Kinder bringen bei der Herbergssuche ein Bild vorbei (Virgen).

Die Gottesmutter Maria und der kleine Säugling namens Jesus bleiben jedoch nur für einen Tag in der Familie. Schon am nächsten Abend holen die Kinder das Bildnis wieder ab und machen mit dem gemalten Bild einer anderen Familie ihre Aufwartung. Durch die Anwesenheit des Marienbildes in den eigenen vier Wänden findet eine enorme Aufwertung der Familie statt, da der Geist der Gottesmutter somit auch im Hause verweilte.

Der Brauch dürfte neueren Datums sein. In Sillian, wo er in der Zwischenkriegszeit aufgekommen ist und in der Zeit des Zweiten Weltkriegs heimlich in der unmittelbaren Nachbarschaft weitergeführt wurde, wird er seither mit besonderem Eifer gepflegt. In den 60er Jahren des 20. Jahrhunderts erlebte er eine Hochblüte. Privatinitiativen gaben dafür den Ausschlag, wenn sich auch teilweise Dekan und Kooperator beteiligten.[26]

Thomasnacht

Während der Thomastag am 29. Dezember heute noch gefeiert wird und dem heiligen Thomas von Canterbury gewidmet ist, war der Thomastag vom 21. Dezember bis zur Kalenderreform dem Apostel Thomas zugedacht, jenem Thomas, der nach der Auferstehung Christi zunächst skeptisch war und deshalb etwas ungerechterweise als „der ungläubige Thomas" bezeichnet wird. Später soll dieser Apostel ein Evangelium verfasst haben, das zwar überliefert ist, aber von der katholischen Kirche nicht als offizielles Evangelium anerkannt wurde, sondern zu den Apokryphen gehört, also zu jenen Schriften, die zwar nicht in den „Kanon" (offizielle Liste der verbindlichen Schriften) aufgenommen sind, aber den anerkannten biblischen Schriften formal und inhaltlich sehr ähnlich sind.

Der einstige Thomastag des Apostels Thomas fällt mit der Wintersonnenwende zusammen. Einstmals war dies eine Raunacht, denn die Sonnwend galt als etwas sehr Unheimliches.[27] In Tirol sagte man früher: „Thuma kehrt den Tag umma." So wurden (werden?) hier manche seltsamen Bräuche gepflegt, die mit Hellseherei und vor allem mit Aberglauben zu tun haben. Einer davon ist das Schuhwerfen, das im Hochpustertal auch üblich war. Dies galt als Partnerentscheidungshilfe. Eine aus dem Oberland stammende Verwandte von Hilda Außerlechner hat diesen Brauch vor langer Zeit tatsächlich praktiziert. Der Schuh zeigte in eine bestimmte Richtung – und die Verwandte heiratete daraufhin den Falschen, mit dem sie unglücklich wurde.

Daneben ist der Thomastag nach altem Brauch der „Zeltnbacktag", an welchem zum Teil noch heute diese wichtige Vorbereitungstätigkeit für Weihnachten erledigt wird.

Heiliger Abend

Dieser Tag, in der katholischen Kirche als Geburtstag des Herrn gefeiert, zeichnet sich seit alters her durch geschäftiges Treiben, Stille und Vorfreude aus. Die Kinder warten gespannt auf den Abend und schreiben in letzten Versuchen ihre Wünsche auf ein Blatt Papier, das sie eigentlich schon am Vortag auf das Fensterbrett hätten legen sollen. Doch wenn sie Glück haben, findet das „Christkind" den Zettel noch und erfüllt die Wünsche der Kinder.

Am Nachmittag wird bei manchen Familien im oberen Iseltal noch der „Blattlstock", ein mehrgeschößiges Mohngebäck, aufgetischt, so etwa in der Gemeinde Prägraten.

In Olang im Pustertal gibt es beim so genannten „Heiligen Mahl", der Mittagsmahlzeit am Heiligen Abend, die Stocktirtlan (im Olanger Dialekt: „Stocktirschtlan"), entsprechend dem Blattlstock mit Mohn und Zucker übereinander gestockt wie eine Torte. Nur an diesem Tag des Jahres werden die Stocktirtlan gegessen – ein Brauch, der schon im Verschwinden begriffen ist.

Beim Essen war es in früherer Zeit üblich, das Haustor zuzusperren, damit niemand hereinkäme. Sehr abergläubisch befürchtete man, dass ansonsten jemand im nächsten Jahr sterben würde. Auch das Besuchen anderer Häuser war verpönt und sollte ebenfalls mit einem Todesfall in der Familie

Blattlstock (im Hintergrund Roggenkrapfen)

im folgenden Jahr enden. Dies lässt sich jedoch nicht in jeder Gemeinde feststellen. In manchen ist es sehr beliebt, gemeinsam mit den Nachbarn zu feiern. In Lienz stößt sich an diesem Aberglauben schon lange niemand mehr.

Am Nachmittag besuchen die Kinder dann meistens die Kindermette. Zum einen, weil sie an diesem Hochtag im Kirchenjahr die Messe feiern und zum anderen, damit die Erwachsenen den Baum schmücken und die Geschenke unter dem Baum verstauen können.

„Um meinen Glauben an das Christkind zu nähren, griffen meine Mutter und meine Tante zu einem, ebenfalls im Brauchtum verwurzelten, aber dennoch ungewöhnlichen Mittel. Mein Cousin hielt mich in den Armen und sorgte dafür, dass mein Blick aus dem Stubenfenster in die Nacht gerichtet blieb. Nachdem er mir vieles über die Sterne und das Christkind erzählt hatte, huschte doch tatsächlich eine weiß gekleidete, blonde Gestalt am Fenster vorbei. In den Händen hielt sie einen Korb. Mehr oder weniger elegant schwang sie sich über das Geländer der Terrasse und war verschwunden.

Obwohl ich gerade einmal vier oder fünf Jahre war, kann ich mich bis heute daran erinnern. Immerhin glaubte ich, die leibhaftige, furchterregende ‚Perchtl‘ gesehen zu haben. Auch die noch so eindringlichen Erklärungen von Seiten meines Cousins vermochten nicht, mir nahe zu bringen, dass es das Christkind hätte sein sollen. Dafür war mir die Gestalt zu wenig Kind und in ihrem weißen Umhang viel zu furchteinflößend. Dennoch beschäftigte mich diese sagenhafte Figur bis in das Teenageralter. Erst in diesem Lebensabschnitt erklärte mir meine Mutter, dass sich meine Tante damals als Christkind verkleidet hatte, um meinen Glauben an dessen Existenz zu stärken. Das schaffte sie trotz größten körperlichen Einsatzes zwar nicht, aber der Glaube an die ‚Perchtl‘ war dadurch bei mir um einiges ausgeprägter.“ (B. L.)

Nach Einbruch der Dunkelheit wird „geräuchert“, um böse Geister zu vertreiben (erste „Raunacht“; siehe hierzu im Teil I, 1. Kapitel). Dieser Duft verleiht, gepaart mit dem Geruch gebackener Kekse, Weihnachten ebenfalls seine Einzigartigkeit. Genauso wie die Äpfel, die in einem Bratrohr schmoren, ehe sie dann verzehrt werden.

Am Abend trifft sich die ganze Familie unter dem mit Lametta und Glaskugeln geschmückten Christbaum. Dort wird dann gesungen, gebetet, gespeist und musiziert, oder Geschichten werden erzählt. Mehrere Generationen der Familie versammeln sich am Tisch, und speziell für die älteren Familienmitglieder bedeutet dies das eigentliche Weihnachtsfest.

Klavierspiel zu Weihnachten

Schließlich gehen seit alters her die Menschen in der Heiligen Nacht in die Christmette, die besonders feierlich gestaltet ist. Zu dieser Messe komponierten und schrieben im Jahr 1818, erschüttert von der bitteren Not ihrer Mitmenschen und bewegt von der Schönheit des Festes, der Lehrer Franz Gruber und der Landpfarrer Josef Mohr das wohl bekannteste Weihnachtslied: „Stille Nacht, Heilige Nacht". Gespielt wurde es laut Überlieferung auf der Gitarre, da sich einige Mäuse an der Orgel gütlich getan und diese mit ihren Nagezähnen zerstört hatten. Bis heute wird am Schluss der Messe das Licht ausgeschaltet und das Lied in drei Strophen gesungen.

Mancherorts wird den Kirchgängern nach dem Ende der Christmette noch ein feierliches Turmblasen geboten, wobei die Musikanten in der kalten Winternacht hoch oben im Kirchturm stehen und ihre Weisen vortragen. Neuerdings gehen die Musikanten gelegentlich nicht mehr auf den Turm, sondern spielen vor der Kirche auf. Ein solches weihnachtliches Konzert ist z.B. in Ainet, Kartitsch oder in Virgen Brauch.

In Olang war es üblich, vor der Christmette Holzscheiter an der Wand aufzustellen. Jede Person des Hofes stellte ihre Scheiter auf. Mit Spannung wur-

Kinder spielen zu Weihnachten mit ihren Geschenken.

de dann nach der Messe geschaut, wessen Scheiter umgefallen waren: der betreffenden Person würde, so der Aberglaube, im nächsten Jahr ein Unglück zustoßen.

Nach einer Erzählung des Vaters von Reinhard Bachmann soll es einmal vorgekommen sein, dass Knechte einer Dirn einen Schabernack spielten und deren Holzscheiter umwarfen. Doch die Schadenfreude hatte ihre Wirkungen. Die Dirn hat sich daraufhin so gefürchtet, dass sie im folgenden Jahr aus Gram verstorben ist.

Ganz besonders wichtig beim Weihnachtsfest ist die Weihnachtskrippe. Meistens sind es uralte Stücke, die neben den Kirchen und Dorfplätzen vorrangig auch die Stuben der heimischen Häuser zieren. Letzteres geht auf einen Beschluss des Kaisers Joseph II. zurück, der das Aufstellen von Krippen in den Kirchen verbieten ließ. Bei einer „Hauskrippe" war der Kaiser machtlos, da im eigenen Haus das Recht des Kaisers keine Wirkung hatte.

Nachdem man beim „Krippenschauen" früher in den Kirchen die Kopfbedeckung abnehmen musste, taten dies die Osttiroler auch vor den Krippen in den Bürger- und Bauernhäusern.

Es entstehen immer neue Krippen, die mit ihren Figuren die Geburt des Jesukindes in einem Stall zeigen. Immer dabei sind Josef, die Gottesmutter

Maria und der kleine Jesus, der in einer Futterkrippe liegt. Daher auch der Name. Auch die Hirten und die verkündenden lobpreisenden Engel dürfen nicht fehlen. Genauso wenig wie der Esel und der Ochse, die besonders bei den Osttiroler Kindern sehr beliebt sind. Zahlreiche Schafe, der Stern von Bethlehem sowie die heiligen drei Könige Kaspar, Melchior und Balthasar runden das Bild der heimischen Krippen ab.

Bereits im Herbst beginnen die Krippenbauer, ihre „Wunschkrippe" zu entwerfen. Viele haben sich sogar schon Krippenvereinen angeschlossen. In Tirol gibt es zwischen 5.000 und 6.000 Mitglieder. Dabei sind der Phantasie der Krippenbauer keine Grenzen gesetzt. In mühevoller Handarbeit bauen sie Krippen, die ihre Sicht der Geburt des Jesukindes widerspiegeln.

So sind manche Krippen kleine Landschaften mit Bergen und Bächen, in deren Umgebung der kleine Stall steht, der aus Holzscheiten, Steinen und Moos besteht. Der Bau des Stalles unterliegt ebenfalls keinen Vorschriften: vom Tiroler Bauernhaus bis zum Schloss im Morgenland oder einfach nur einer kleinen Höhle und Wurzel. Nachdem rund 200 Jahre nach Christi Geburt bereits die ersten Malereien über die Geburtsszene geschaffen wurden, setzte sich der Gedanke zum Bau einer Krippe erst im 16. und 17. Jahrhundert durch. Wann jedoch ganz genau die ersten Krippen entstanden, kann nicht

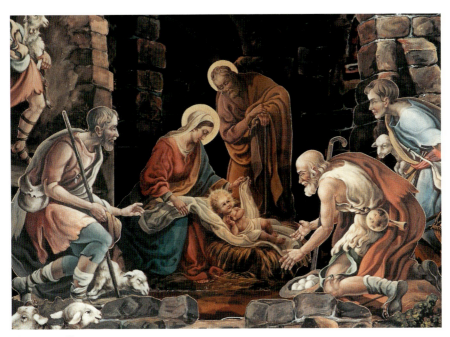

Krippe in Sillian

gesagt werden. Jedenfalls setzte Ende des 16. Jahrhunderts ein wahrer Aufschwung ein.

Zuerst waren es meist handgeschnitzte Figuren der heiligen Familie, die bemalt wurden, doch mit der Zeit gesellten sich eben die oben angeführten Gestalten hinzu. Für die Schnitzer und Bildhauer waren die vielen Figuren jedenfalls ein Segen. Manche Krippen zieren bis zu sechzig und mehr Personen und Tiere. Mit der Zeit wurden auch wesentlich abstraktere Krippen gebaut und verliehen der Geburtsstätte des Messias ein modernes Aussehen. Die Änderungen des Krippenwesens im Laufe und im Wandel der Zeit kann man am besten bei diversen Krippenausstellungen bestaunen.

Richtige Kenner beschauen die Krippen zuerst von der Ferne, um einen Gesamteindruck des Meisterwerks zu erhalten. Erst dann nähert sich der Beobachter und mustert die Einzelheiten. Nachdem man mit dem Krippenbauer ein wenig diskutiert und sich ausgetauscht hat, gibt es das berühmte „Gloriawasser", was nichts anderes ist als ein hochprozentiger Schnaps.

Krippenbauer
Alois Weiskopf
in Virgen

Holzkrippe von Alois Weiskopf

Weihnachtliche Krippenausstellung, Liebburg in Lienz

Große Krippe bei Familie Mair in Obermauern

Christtag und Stefanitag

Der Christtag (25.12.) galt als besonders heiliger Tag. In Kartitsch heißt es: Man durfte keine Besuche machen und nicht „Schlittile fohrn". Das war strengstens verboten. Wenn man das Husten nicht zu unterdrücken vermochte, dann war dies wegen der Heiligkeit des Tages so durchzuführen, dass es niemand hörte; „in an Stompf huistn" sollte man, das heißt in ein Gefäß hineinhusten, wo man Mohn stampft. In der Früh wird am Christtag das Hirtenamt gefeiert, das sogar heute noch von vielen Leuten besucht wird, die bereits in der Nacht die Christmette mitgefeiert haben. Ansonsten herrscht Ruhe.

Ganz anders steht es mit dem Stefanitag (26. Dezember). Dieser zweite Weihnachtsfeiertag ist dem heiligen Stephanus gewidmet, der wegen seines Glaubens gesteinigt wurde und als Urbild aller Jesus Christus folgenden Märtyrer verehrt wird. Ganz im Gegensatz zu diesem ernsten Hintergrund geht es am Stefanitag recht lustig zu. Da werden wieder viele Besuche gemacht. Zu Stefani fand früher in manchen Orten Tirols auch ein Ritt statt, weil Stephanus der Patron des Viehs und besonders der Pferde ist.[28] In Osttirol ist dieser Brauch anscheinend kaum (mehr?) bekannt, doch veranstaltet der Strasserwirt (Strassen) einen Stefaniritt. Auch in Matrei findet aus diesem Anlass ein Pferderennen statt.

Silvester

Nur im Villgratental findet das Neujahrsaufsagen statt. Kinder gehen zu Silvester von Haus zu Haus, sagen ein Neujahrsgedicht mit guten Wünschen auf und spielen gelegentlich etwas auf ihren Flöten vor. Dafür bekommen sie ein bisschen Geld. Ein solches Neujahrsgedicht lautet so:

Ich wünsch dir ein gesundes neues Jahr!
So viel Dorn' der Rosenstock,
so viel Haar der Ziegenbock,
so viel Flöh der Pudelhund,
so viel Jahre bleib gesund.[29]

Am Abend des Silvestertags, wenn das Jahr sich seinem Ende nähert, ist es wieder Zeit zum Räuchern, denn nun steht die zweite Raunacht bevor (siehe unter Raunächte). Erneut soll damit Schutz für das Haus und die Familie erbeten werden.

Auch die Böller und Raketen, die um Mitternacht gezündet werden, dienen dem Zweck, die bösen Geister zu verscheuchen, um ein gutes neues Jahr ohne großes Unglück zu erleben.

II. Weitere Formen des Brauchtums

Prozessionen

Prozessionen sind in Tirol ein wesentlicher Bestandteil des religiösen Lebens. Obwohl sich auch in Osttirol in den letzten Jahrzehnten ein gewisser Umbruch auf religiösem Gebiet abzeichnete, nehmen am „Umegang", wie es im Dialekt heißt, immer noch sehr viele Menschen teil. Vielleicht mag es verwundern, dass sich solches religiöses Brauchtum hier ganz im Gegensatz zu vielen anderen Regionen Europas dermaßen gut hält, und man kann dann auf die feste Verwurzelung des katholischen Glaubens in Tirol verweisen, seit die römisch-deutschen Kaiser[1] gegen Anhänger anderer Glaubensrichtungen in den Wirren der Gegenreformation (zwangsweise Rückkehr zum oder Beibehaltung des katholischen Glaubens) des 16. und besonders des 17. Jahrhunderts vorgegangen sind.[2] (In Osttirol sagt man heute noch über einen Menschen, den man als ungläubig einschätzt: „Das ist ein Lutherischer!") Aber das allein wird es wohl kaum sein. Offenbar war das religiöse Bedürfnis immer intensiv vorhanden,

Prozession in Innervillgraten

und viele Menschen haben trotz des Umbruchs der letzten Jahrzehnte immer noch einen starken Bezug zum christlichen Glauben als eine sie von der Geburt bis zum Tode führende Vorgabe. Hinzu kommt, dass viele christliche Feste seit alters her einen wesentlichen gesellschaftlichen Aspekt haben. Dieser ist bei Prozessionen besonders zu betonen, trifft sich hier doch ein erheblicher Teil des Dorfes und erlebt sich in einer Zeit zunehmender Individualisierung bzw. Vereinzelung als echte Gemeinschaft, was gerade im Zeitalter der Globalisierung und der umfassenden Information als wichtig erachtet werden kann.

Prozessionen stehen zwar immer in Zusammenhang mit kirchlichen Angelegenheiten, doch gibt es verschiedene Anlässe. Manche werden lediglich wegen eines bestimmten kirchlichen Festes abgehalten, bei anderen kommt hinzu, dass es sich zugleich um ein Vereinsfest handelt, da z.B. der Patron des betreffenden Vereins an jenem Sonn- oder Feiertag geehrt wird.

Dass nicht nur die Musikkapelle bei vielen Prozessionen mitmarschiert, sondern auch die Schützen oder die Feuerwehr, ist im südöstlichen Tirol Ehrensache. Neuerdings, seit wenigen Jahren, dürfen auch die Schützen in Südtirol wieder einen Stutzen tragen, nachdem die italienische Regierung dies schließlich doch auf Drängen der Südtiroler Landesregierung genehmigt hat.

Fronleichnamsprozession in Strassen: Schützen tragen Traditionsfahne von 1809 mit.

*St. Johann im Walde:
Frauen in ihrer Tracht, wie
sie einst bei Prozessionen als
Muttergottesträgerinnen
aufgetreten sind*

*Rosenkranzkönigin, die
bei Prozessionen in
Sillian mitgetragen wird*

131

*Prozession in Sillian
in früherer Zeit:
Fahnenträgerinnen*

*Prozession in Sillian
in früherer Zeit:
Musikkapelle und
Schützen vorne im Zug*

Schützen bei einer Prozession in Ainet, 1962

*Fronleichnamsprozession
in Virgen, 2003*

Wallfahrten

Während man das Grasausläuten, das Vertreiben wachstumsfeindlicher Geister mit Glocken und Schellen im Frühjahr, welches im Nordtiroler Unterinntal und im Südtiroler Martelltal von Bedeutung ist, ebenso wie das Winteraustreiben und den Almauftrieb im südöstlichen Tirol kaum oder gar nicht feiert und auch das „Saurergiahn" der Thurner und Oberlienzer (siehe Vorwort, Anmerkung 3) als abgekommener Brauch bezeichnet werden muss, beginnt im Frühsommer die große Zeit der Bittgänge und der Wallfahrten. Obwohl die Wallfahrten natürlich bei weitem nicht mehr so stark wie früher frequentiert und manche davon schon lange nicht mehr praktiziert werden, nehmen andere immer noch einen gewissen Stellenwert ein. Die Wallfahrten werden hier aus einem bestimmten Grund unter das etwas willkürlich hintereinander gereihte Brauchtum subsumiert: Sie sind zwar eher in der wettermäßig schöneren Zeit zu finden, doch fehlt ihnen eine direkte Gebundenheit des Datums.

Die traditionelle Wallfahrt „über den Kofel" nach Maria Luggau (Kärnten) findet nicht nur einmal im Jahr statt. Verschiedene Gemeinden haben

Wallfahrt „übern Kofel" von Leisach nach Maria Luggau

ihre jeweiligen, ortsgebundenen Termine. Dabei brechen viele der Wallfahrer in der Früh von der Luggauer Brücke aus auf, an der heutigen Drautal-Bundesstraße zwischen Leisach und Thal, und kommen nach einem Marsch durch die Lienzer Dolomiten im Lesachtal an. Dort wartet endlich Köstigung auf die Wanderer, die den beschwerlichen Weg hinter sich gebracht haben.

Das Heiligtum von 1513 in der Luggau ist zurückzuführen auf die Initiative einer einfachen Bäuerin namens Helena, die eine Traumvision hatte, in welcher ihr Maria auftrug, ihr zu Ehren eine Kirche zu erbauen. „Erst aber als sich das Kerzenwunder zutrug – trotz stürmischen Wetters erlosch eine Kerze, die auf einem Feld entzündet wurde, drei Tage lang nicht –, ging die Bäuerin mit Elan ans Werk."[3]

Die Wallfahrtsbasilika zur Schmerzhaften Gottesmutter Maria Luggau hat seit fast 500 Jahren Pilger aus Kärnten, Tirol, Slowenien und Italien angezogen.

Seit einigen Jahren findet auch die alte Gsieser Wallfahrt nach Maria Luggau wieder statt, die nachts beginnt und übers Kalksteiner Jöchl nach Kalkstein führt. Von dort geht es weiter über Panzendorf, Tassenbach, Kartitsch, Obertilliach, Untertilliach zum Ziel. Bis zu 100 Pilger schließen sich neuerdings an.[4] (Darüber hinaus gehen Gsieser sogar nach Obermauern.)

Wohlverdiente Rast der Wallfahrer am Kofelpass (in Bildmitte, links neben Wegweiser und Kreuz: Pater Oliver aus Virgen)

Am Kofelpass

Doch auch die Sextener haben die Wallfahrer-Tradition wieder erweckt und wandern über den Karnischen Kamm in die Luggau. Diese Neubelebungen sind nicht selbstverständlich, vor allem nachdem viele Wallfahrten abgekommen waren. Man kannte zwar früher in Innichen auch andere Wallfahrten: etwa nach Aufkirchen am Maria Heimsuchungstag (bis in die 70er Jahre des 20. Jahrhunderts), während man nach Ehrenburg nur bis 1780 ging; die Wallfahrt nach Hollbruck fand bis 1919 statt, dem Jahr der Abtrennung Südtirols, und die nach St. Silvester in Winnebach war ebenfalls in jener Zeit abgekommen. Was in der Zeit zwischen der Annexion und dem Faschismus in Italien sowie in der Faschistenzeit an Bindungen zerstört wurde, betrifft ja nicht nur die katastrophale wirtschaftliche Zerschneidung Tirols, sondern es ist immer die gesamte politische Situation zu sehen: Auch ein gut funktionierendes soziales Beziehungssystem wurde zerstört. Erst heute wächst Tirol ganz langsam wieder zusammen, und dafür sind auch die genannten Wallfahrten ein Indiz.

Natürlich gibt es viele weitere Wallfahrten im südöstlichen Tirol. Man denke an den Kreuzgang der Welsberger über Olang und den Furkelpass nach Enneberg, der seit 1636 abgehalten wird. Es handelt sich dabei um eine so genannte Kreuzwallfahrt, die als Marienwallfahrt vom Pustertal über einen Pass in ein ladinisches Seitental führt.[5]

Eine weitere sei noch erwähnt: die Wallfahrt nach Obermauern. Wir kennen bereits die Wallfahrt der Virger und Prägratner mit dem Opferwidder. Doch muss besonders hervorgehoben werden, dass die Heiligenbluter alljährlich am letzten Samstag im Juli den langen Weg über die Berge aus dem Kärntner Mölltal antreten, wobei man sich z.T. freilich den Weg mit Hilfe der Kalser Bergbahnen verkürzt. Das mag zwar etwas ungewöhnlich erscheinen, da das Wallfahren ja einst mit der Absicht aufgekommen ist, dass Menschen auf höchst strapaziöse, aufopferungsvolle Art zu geheiligten Orten gelangen wollten, um dort Buße für ihre Sünden und Unterstützung für ihr Leben zu finden. Mittlerweile macht man es sich jedoch ein bisschen bequemer.

Ja, man darf andererseits auch den gesellschaftlichen Aspekt des Brauchtums nicht übersehen (wie er in dem bekannten Volkslied vom „Wallfahrten giahn" besungen wird), der bei aller oft tiefen Religiosität doch das Wallfahren gerade in früheren Zeiten zu einer nicht selten heiteren Angelegenheit werden ließ, die in Trinkgelage, Schlägereien und soziale Kontakte im Sinne von „Rendezvous" ausarten konnte. Letztere fanden dann, wie bereits erwähnt, bei der Wallfahrt der Virger und Prägratner nach Lavant häufig auf dem Rückweg in der Oberlienzer Gegend statt.[6] Aus solchen Gründen wurde im Jahr 1920 bekanntlich die ursprüngliche Wallfahrt mit dem Opferwidder von Lavant nach Obermauern verlegt, da die Virger Gemeinderäte, ihr Bürgermeister Johann Gsaller (vulgo Jahringer) und der Pfarrer Andreas Brunner der „Spötteleien" und Mühen überdrüssig wurden.[7]

Nicht mehr durchgeführt wird übrigens auch der Kreuzweg von Niederdorf im Pustertal nach Klausen im Eisacktal, der stets drei Tage dauerte. Die Kirche hat ihn schließlich verboten: Man war es leid, dass unterwegs nur dem Alkohol zugesprochen wurde.[8]

Kirchtage und Patrozinien

Zu den Höhepunkten des Jahres gehören in vielen Gemeinden die Kirchtage, an denen die Kirchweihe gefeiert wird, und die Patrozinien, an denen die Patrone der Kirchen geehrt werden.

Nicht überall ist der Weihetag einer Kirche noch bekannt; daher legt man das Fest, das früher noch einen weit höheren Stellenwert hatte als in heutiger Zeit, oft auf den von der kirchlichen Administration bestimmten „Allgemeinkirchtag" im Oktober.

In manchen Orten werden schon in der Früh Böller geschossen. Die Gemeinde oder die Fraktion ist dann zur Messe aufgerufen. Die Messe wird nicht in der gewöhnlichen Weise zelebriert, sondern in besonders feierlicher Weise. Eine große Prozession bewegt sich durch den festlich geschmückten Ort, wobei die Musikkapelle und die Schützen oder die Feuerwehr mitmarschieren.

Wie schon angedeutet, hat in vielen Fällen nicht nur die Gemeinde einen Kirchtag, sondern auch die eine oder andere Fraktion, wenn diese ihre eigene Filialkirche besitzt; entsprechend gibt es dann oft auch je eigene Patrozinien.

Strassen hat aufgrund seiner verschiedenen großen Kirchen zwei Patrozinien, einmal am Dreifaltigkeitssonntag und einmal zu Jakobi.

In Sexten wird der „Kirchta" zweimal gefeiert, einmal in Moos und eine Woche später in der Hauptkirche in Sexten Dorf (siehe hierzu: Erntedank). Dabei wird auch der Kirchtagsmichl (in Sexten: „Kirchtamichl") aufgestellt. Es handelt sich um einen langen schönen Baum, an dessen Spitze eine Strohpuppe mit weißer Lederhose, weißem Hemd und Hut – der Michl also – sitzt, die in der einen Hand einen „Pusterer Krapfen" und in der anderen Hand eine Weinflasche hält. Der Kirchtagsmichl sieht übrigens ähnlich wie der Mai-

Kirchtagskrapfen
(Gasthof Neunhäusern,
Rasen-Antholz);
Frauen in Pusterer Tracht

baum aus, welchen die Südtiroler nicht (oder nicht mehr?) im großen Stile zu kennen scheinen. Allerdings bleibt unklar, inwieweit letzteres zutrifft und welchen Grund es haben könnte; interessanterweise stößt man nämlich im Buch von Richebuono auf das Photo eines Maibaums in Auer im Südtiroler Unterland.[9]

Ähnlich wie in Sexten verhält es sich in Olang. Dort hat sogar jede der vier Fraktionen ihr eigenes Kirchweihfest. In Mitterolang wird am Schutzengelsonntag gefeiert, wobei der „Kirchtagsmichl" (in Olang: „Kirschtamichl") Samstag nachts beim Thararwirtsdenkmal aufgestellt wird. In Niederolang feiert man zu Peter und Paul, in Oberolang am Rosarisonntag (Rosenkranzsonntag) und in Geiselsberg zu St. Wolfgang.

Nach der Messe gibt es in einigen Orten ein großes Dorffest. In früherer Zeit ist hierbei oft noch stärker als heute ein lautes Treiben zu beobachten gewesen, bei dem es nicht immer ganz harmlos abging. Bald floss der Alkohol, und Schlägereien brachen aus.

In Abfaltersbach übten sich früher, langsam auch wieder heutzutage, die jungen Burschen beim „Kirchtagklapfen" mit Peitschen. Dabei entlocken die Männer ihren Peitschen das typische Schnalzen.

In Kartitsch existiert noch das Niggilanstechn: Am Kirchweihfreitag kommen Kinder (nur „Buibm") vermummt und angemalt ans Fenster, klopfen mit gespitztem Stecken und sagen einen Spruch auf. Dann sollte man das Fenster öffnen und ihnen die „Niggilan" (Krapfen) auf den Stecken stechen.

In Untertilliach wurde bis vor ca. fünf oder sechs Jahren (dann leider durch einen Ball verdrängt) am Vorabend des Kirchtags der Brauch des Krapfensingens gepflegt: Leute zogen des Nachts durch den Ort von Haus zu Haus und trugen verschiedene Lieder vor. Dafür bekamen sie Schnaps, Kaffee oder Krapfen (je nachdem, ob jemand welche gebacken hatte). Als Ersatz wurde Geld gegeben. Wenn aber jemand nicht aufmachte, steckten die Sänger zur Strafe einen Krapfen auf die „Türschlitze" (Türschnalle). Das galt als schandbares Zeichen.

Musik und Tanzen

Zu den Bräuchen, die sich im Laufe der letzten Jahrzehnte mit am meisten gewandelt haben, gehört mit Sicherheit das Tanzen und allgemein das Musizieren. War es auf dem Lande über Jahrhunderte geprägt von kontinuierlichen Entwicklungen, die nur selten tief greifende Anregungen von „außen" erhielten, weshalb die Volkstänze nur gelegentlich größere Veränderungen erfuhren, so hat das 20. Jahrhundert diese Entwicklungen radikal unterbrochen und für eine vollkommene Neuorientierung des Tanzens gesorgt. Zwar ist im südöstlichen Tirol, vor allem in den Seitentälern, im Allgemeinen die Entwicklung „langsamer" verlaufen als in flacheren Landschaften, ganz zu schweigen im Vergleich zu großen Industriegebieten. Das liegt nicht nur an den hohen Bergen und der Abgeschiedenheit, sondern, oft wechselseitig bedingt, ebenso an politischen, sozialen und ökonomischen Grundlagen. Es ist auch immer zu bedenken, dass Osttirol als jener Teil Südtirols, der 1919/20 bei Österreich verblieb, durch die Zerreißung aller alten, funktionierenden politisch-ökonomischen und zum Teil auch sozialen Strukturen von einer „normalen" zielgerichteten Entwicklung der Infrastruktur abgeschnitten war, und ähnlich erging es den Gemeinden im Südtiroler Teil des oberen Pustertals. Vielleicht ist dadurch manche alte Tradition länger erhalten geblieben, aber man darf nicht verkennen, welch schwerwiegende Auswirkungen dies insgesamt hat. Osttirol ist eine typische Pendlerregion geworden und geblieben, viele Arbeiter fahren die Woche über in die Bundesrepublik Deutschland zur Arbeit. Die längerfristigen wirtschaftlichen Prognosen sind schlecht, sofern nicht doch das Zusammenwachsen der Tiroler Landesteile in den

Ein seltenes Foto: Der Leisacher Gesangsverein im Jahre 1922

nächsten 20 Jahren eine echte „Trendwende" einleitet. Ob es auch alte Wunden heilt?

Gerade im Hinblick auf das Brauchtum zeigt sich freilich zunehmend, wie relativ solche Gesichtspunkte wie „abgeschiedene Lage" mittlerweile geworden sind. Nicht nur die Mobiltelephone können seit Jahren oft bis in einsame Täler empfangen; schon seit mehreren Jahrzehnten hat sich der Siegeszug des Radios und des Fernsehens bis in die entlegensten Winkel ausgebreitet. Dadurch wird die Sprache verändert, der Dialekt abgeschliffen und immer stärker an das mit Anglizismen durchsetzte Hochdeutsch angepasst, während gleichzeitig eine allgemeine Sogwirkung der herrschenden Strömungen, die über die elektronischen und gedruckten Medien vermittelt werden, auf Sitten und Bräuche sowie auf das Geschichtsbewusstsein ausgeübt wird.

So hat sich auch im südöstlichen Tirol in den letzten 30 Jahren eine ebenso weitgehende wie tief greifende Änderung bei den musikalischen Vorlieben ergeben. Im Alltag dominiert heute längst ein Gemisch aus Schlagern und Popmusik, während die traditionelle Volksmusik stark zurückgetreten ist, besonders bei den Radiosendungen. Lediglich die volkstümliche Musik vermag sich dort überraschend gut zu halten. Sofern man es als erfreulich betrachtet, dass die Volksmusik noch einen gewissen Stellenwert einnimmt, kann

Virger marschieren zum Tanz (Bandltanz) beim Alten Graben, wo früher ein Festplatz war.

Musikkapelle Ainet bei einem Fest in Lienz, vermutlich zwischen 1940 und 1950

*Der Gesamt-Tiroler Almtag am 21. Juli 2002, veranstaltet vom Tiroler Bauernbund, Südtiroler Bau-
ernbund und Tiroler Almwirtschaftsverein, führte auf der Oberseebach-Alm in St. Jakob in Defereggen zahlreiche Besucher aus Ost-, Süd- und Nordtirol zusammen. Nach der Messe wurde auf den
Almhütten und Weiden aufgespielt; u.a., wie hier zu sehen, von den „Seespitzlern" aus St. Jakob.*

Volkstanzgruppe Anras

„Die Oberleibniger" („Kuenz-Bubm": links Hans, rechts Jörg), Mitte: Ortner Sepp

man behaupten, dass es neben der alltäglichen Radio- und Fernsehkultur immerhin noch einen recht erheblichen Rückzugsbereich der Volksmusik gibt, und hier zeigt sich auch weiterhin eine sinnvolle Brauchtumspflege: Die Musikkapellen sind im südöstlichen Tirol sehr lebendig und treten häufig auf, sowohl im Rahmen von Konzerten als auch bei offiziellen Feiern der Gemeinden und Pfarrgemeinden. Sie verbinden dabei durchaus alte Tradition mit Aufgeschlossenheit für neuere Strömungen.

Neben den Musikkapellen existieren natürlich viele traditionelle Volksmusikgruppen, die zwar finanziell nicht in so hohem Maße erfolgreich sind wie die volkstümlichen Musiker, aber dennoch ihr festes Publikum sowohl unter den Einheimischen als auch unter den Gästen besitzen. Dabei handelt es sich nicht nur um reine Vokal- oder reine Instrumentalmusik, sondern zum Teil um eine Mischung aus beidem. Zu erinnern wäre neben etlichen anderen (hier bloß auszugsweise) an die „Alt-Matreier Tanzlmusik", den „Lienzer Viergesang", die „Virger Tanzbodenmusig", die „Rotspitzler" oder die „Kalser Stubenfliegen". In St. Johann im Walde existieren gleich zwei berühmte Gruppen: Die „Öbersta Manda" aus der Familie Oblasser (vlg Öbersta) folgen ebenso den Spuren ihrer musikalischen Ahnen wie die „Oberleibni-

Musikkapelle Virgen mit ihrem langjährigen Kapellmeister, dem unvergessenen Volksschuldirektor Hermann Defregger, an der Spitze

ger", die sich jetzt aus den Söhnen der verstorbenen Gründer Georg und Hans zusammensetzen und sich daher „Die jungen Oberleibniger" nennen. Nicht vergessen werden darf natürlich auch die Kalser „Großglocknerkapelle" des legendären Sepp Huter. Letztere hat mit „Meine Heimat ist Tirol" ein Lied geschaffen, das nicht nur zum Standard der Musikkapellen in Osttirol gehört, sondern bei fast jedem Wunschkonzert, vielen Aufmärschen der Musikkapellen sowie der Schützen und bei verschiedensten offiziellen Veranstaltungen gespielt und vorgetragen wird – ein echtes Volkslied also, im besten Sinne des Wortes. Ähnliches gilt in Osttirol nur noch für den Marsch „Dem Land Tirol die Treue" von Florian Pedarnig mit seinem schönen, zugleich traurigen Text, sowie für die schon altehrwürdigen und bei vielen Konzerten präsenten Märsche wie den Kaiserjägermarsch oder den Standschützenmarsch. Für den Südtiroler Teil des oberen Pustertals, aber auch für den Bezirk Lienz, ist natürlich auf Karl Felderers im ganzen deutschen Sprachraum bekannten Südtiroler Bergsteigermarsch zu verweisen. Gern gehört wird in der jeden Sonntagnachmittag auf „Radio Osttirol" gebrachten Wunschkonzertsendung auch die seit langem nicht mehr bestehende Gruppe „Cilli und Gerd" aus dem hinteren Iseltal.

Große Verdienste um die Hackbrettl-Tradition haben sich die Gemeinden Ainet und Schlaiten erworben. Das Hackbrett wird dort noch in kunstvoller Arbeit hergestellt. Auch 2003 fand in Schlaiten wieder das „Iseltaler Hackbrettler-Treffen" statt, bei dem sich die Hackbrettlspieler an einem Nachmittag versammeln, um ihre Instrumente zum Klingen zu bringen.

Wie bereits erwähnt, ist die volkstümliche Musik auch wirtschaftlich sehr erfolgreich. Mit Tourneen in der Bundesrepublik Deutschland, im Elsass und der Schweiz, professionell gestalteten CD-Aufnahmen und Auftritten in der engeren Heimat gelingt es, eine stets erstaunlich große Zahl z.T. auch jüngerer Menschen anzusprechen. Als bekannte Osttiroler Vertreter dieser Musikrichtung sind z.B. das „Goldried-Quintett" aus Matrei oder das „Dolomiten-Sextett Lienz" aus Nußdorf-Debant, zu nennent. Daneben zeigt sich in der Wunschkonzertsendung von „Radio Osttirol", aber auch in manchen Sendungen auf „ORF Radio Tirol", dass Musikgruppen wie „Die Ladiner" sehr beliebt sind.

Ähnlich wie die Volksmusik sind auch die Volkstänze stark zurückgedrängt worden, allerdings noch in weit höherem Maße. „Klassische" internationale Tänze wie der Tango spielen höchstens in größeren Orten wie Lienz bei bestimmten Gelegenheiten eine Rolle, sind aber letztlich bloß Randerscheinungen. Die heute übliche Form des Tanzens findet bei älteren Leuten oft zu Schlagermusik statt,

Bandltanz in Oberlienz

Volkstanzgruppe Virgen bei einer Hochzeit vor der Obermaurer Kirche

Volkstanzgruppe Virgen beim Knappentanz

Volkstanzgruppe Virgen: Heimatabend im Lucknerhaus (Kals am Großglockner)

bei jüngeren meist zu Discomusik. Dennoch gibt es aber bei Zeltfesten weiterhin auch viele junge Menschen, die, wie seit alters her auf den Kirchtagen und heute noch auf vielen Vereinsfesten üblich, die traditionellen Volkstänze perfekt beherrschen und ausüben, z.B. Landler, Polkas und Walzer. Dort verschwimmen dann auch meist die Grenzen zwischen Volksmusik und volkstümlicher Musik, manchmal auch die Grenzen zu anderen Arten der Musik.

Allerdings sind die größeren, gruppenweise aufgeführten Volkstänze ziemlich zurückgegangen oder werden nur noch bei den nicht allzu zahlreichen Volkstums- bzw. Heimatabenden für Gäste aufgeführt. Gerade diese Tänze hatten aber oft eine wichtige soziale Bedeutung!

Der Bandltanz z.B. entstand als Tanz um den Maibaum bzw als Tanz des Frühlings, der Fruchtbarkeit und als Symbol des Werdens und Vergehens. Zuerst durften nur die Männer tanzen, um den Dirndln zu imponieren. Erst viel später war es auch erlaubt, junge Frauen in das Tanzgeschehen des Bandltanzes einzubeziehen. Um noch einen anderen Tanz zu erwähnen: Der Mühlradltanz symbolisiert das Klappern und Drehen der Mühle.[10]

Leider werden die Volkstumsabende von manchen Tourismusverbänden kaum mehr oder gar nicht mehr gefördert. Trotzdem gibt es noch ca. 12 bis 14 Volkstanz- und Plattlergruppen, unter denen z.B. diejenigen von Anras und Virgen recht aktiv sind. Letztere tritt allerdings hauptsächlich in Kals am Großglockner auf.

Feuerwehr

Die Feuerwehr ist in Tirol nicht nur zum Löschen da, sondern sie nimmt als soziale Einrichtung neben den Musikkapellen, den Schützen und den Sportvereinen einen besonders wichtigen Platz im Dorfleben ein. Selbst dort, wo nur wenige Brände auftreten, können die Wehren auf eine sehr moderne Ausrüstung verweisen. Nicht umsonst haben schon mehrmals Tiroler Feuerwehren bei Feuerwehr-Olympiaden die Goldmedaille erreicht, so z.B. die Freiwillige Feuerwehr Ainet bei den FF-Bewerben 1996 und 2001.

Selbstverständlich wird auch bei den Feuerwehren Brauchtum gepflegt. Neben den traditionellen, jährlich stattfindenden Feuerwehrfesten ist hier etwa an Fahnenweihen oder Fahrzeugweihen zu erinnern. Außerdem stehen die Feuerwehren im Mittelpunkt der Floriani-Prozession, die jährlich abgehalten wird.

Feuerwehr Sillian, etwa 1892

Feuerwehr Mitteldorf, 22. Juli 1930

Feuerwehr Huben bei der Florianiprozession, 2003

Weihe eines Rüstlöschfahrzeugs durch Pater Maximilian in Virgen, 2002

Nachtwächter

In gefährlichen Zeiten war es notwendig, Wachen einzuteilen, um im Notfall die Bevölkerung einer Stadt oder eines Dorfes rechtzeitig alarmieren und vor sich anbahnendem Unheil vielleicht schützen zu können. Da Nachtwachen für die am Tage arbeitenden Menschen eine große Belastung darstellen, wurde im Zuge der Arbeitsteilung in manchen Orten ein fester Nachtwächter eingestellt. Heute hat sich das mit der zunehmenden Befriedung und Überwachung großer Landstriche radikal verändert. Man trifft nur noch sehr selten auf Nachtwächter.

In Obertilliach, einer Gemeinde, in der sich Holzhäuser an Holzhäuser reihen, hat sich dieser Brauch jedoch erhalten. Dort fand im Jahr 1998 sogar das 13. europäische Nachtwächter- und Türmertreffen statt, das einen Großteil der angeblich nur noch 115 europäischen Nachtwächter und Türmer in

Der „Loipen-Charly" Karl-Heinz Egger als Nachtwächter auf dem Lienzer Christkindlmarkt. Sein Spruch bei „Dienstschluss" lautet: „Loust's ihr liabn Leit und Gäscht, da Hamma der Glock hat achte g'schlogn, jo fein war's wieda am Chrischtkindlmarkt, denkt's sche langsam an de warme Stubn und's traute Heim, oba habt's Acht aufs Feir und aufs Liacht, dass unsern Stadtl koan Schoden gschiacht. I winsch Eich a guate Nocht."

diesem Ort kurzfristig vereinigte. Seitens der gastgebenden Gemeinde trat der damals 66-jährige Nachtwächter Pepi Lienharter auf. Sein nächtlicher Spruch ist seit Jahrhunderten überliefert:

Loust auf, ihr Hearn und Baurn, und lasst euch sogn,
der Hammer and'r Uhr hat 12 Uhr g'schlogn,
gebt fleißig acht auf Foir und Liacht,
damit uns Gott und unsre liabe Frau behüat,
hat 12 Uhr g'schlogn.
Gelobt sei Jesus Christus.

Baden

Im südöstlichen Tirol stößt man nicht auf weithin bekannte Kurstädte, die mit Prachtbauten aller Art, Hotels, Kasinos und Kurbädern, aufwarten können. Doch das heißt nicht, dass es deshalb keine Bädertradition gibt. Alles hält sich mehr in einem kleinen, feinen Rahmen: das Badl wirkt sehr familiär. Dennoch gehört das Baden nicht zu den schlechtesten Bräuchen, auch falls es „nur" ein Heubad sein sollte.

Bad Bergfall, Geiselsberg, Gemeinde Olang: Werbeprospekt aus früherer Zeit

Aigner Badl, Abfaltersbach

Es seien nur einige Bäder erwähnt, von denen manche mittlerweile wieder ein kräftiges Lebenszeichen von sich geben: das Aigner-Badl in Abfaltersbach, Bad Schartl in Olang, Bad Grünmoos in St. Jakob in Defereggen, Bad Weiherburg bei Ainet und das Heubad Kienburg (Huben).

Am Beispiel von Bad Bergfall, das unterhalb des Skigebiets Kronplatz liegt (Olang, Fraktion Geiselsberg), zeigt sich das interessante Schicksal eines Bades: Es wurde schon zur Römerzeit benutzt, war damals sogar ein Quellheiligtum, ist aber später verschüttet worden. Erst nach langer Zeit wurde die Heilkraft vom Domherrn v. Tschiderer wiederentdeckt, der einen Schwefelgeruch in der Luft festgestellt hatte. Seither ist Bad Bergfall erneut bekannt. Um 1841 stießen Arbeiter bei der Neueinfassung der Schwefelquelle auf etwa 80 römische Münzen, zahlreiche Ringe und Bronzedrahtstifte. (Leider sind nur noch 22 Münzen erhalten, die im Tiroler Landesmuseum Ferdinandeum aufbewahrt werden.)

Bad Bergfall besitzt neben dem Hotel eine Kegelbahn, die Quelle liegt etwa 15 Minuten entfernt im Wald. Laut einer neueren Messung enthält sie insbesondere Schwefel, Calcium und Magnesium. Im Schwefelwasser wird 20 Minuten gebadet.

Das Badl ist schön renoviert worden und hat dadurch eine Belebung erfahren, die sich schon positiv auf die Besucherzahlen ausgewirkt hat.

Ähnlich steht es mit dem Aigner-Badl in Abfaltersbach. Auch dieses hat neuerdings einen erheblichen Aufschwung zu verzeichnen.

Villgrater Stückln

Ebenfalls nicht jahreszeitlich gebunden ist ein anderer Brauch, an den erinnert werden soll, weil er die Menschen eines Tales in liebevoll-satirischer Weise charakterisiert, genauer gesagt, weil sie sich selbst so darstellen und dadurch charakterisieren: die Villgrater Stückln. Sie betreffen nur ein kleines, aber landschaftlich wunderbares Tal mit zwei Gemeinden.

Die Villgrater Stückln, das sind lustige Gschichtln, die ziemlich eigenwillig klingen. Wie es Imelda Trojer, Chronistin von Außervillgraten, sagt: „Was richtig schian verdrahnt und verkehrt ist, das ist villgraterisch." Es sind die beschriebenen Handlungen, die zum Lachen anregen, weil die Personen sich einerseits ungewöhnlich verhalten, andererseits gelegentlich auch wieder eine gewisse hintergründige Schläue zeigen. Und sie fügt hinzu, dass ein Kartitscher z.B. so etwas nie täte.

Solche Stückln gibt es viele, die meisten in mündlicher Überlieferung. Sie gehören auch heute noch zum Alltagsleben – ein lebendiger Brauch somit. Imelda Trojer hat einige aufgeschrieben und in Gedichtform gebracht. Zwei davon sollen hier abgedruckt werden.[11]

Das Rezept

Ein Villgrater geht zum Doktor hin,
er fühlt sich et wohl, er will Medizin.
„Herr Doktor, im Kopf summt ein Bienenschwarm,
Stiche gibt's mir auch immer im rechten Arm,
der Appetit lasst nach, 12 Knödel gehen nimmer,
werden tuts frisch von Tag zu Tag dümmer.
Beim Kreischten winselts in alle Töne,
sein tu ich schon löber wie unser Nöne."

„Komm her, lass dich anschaun, so schlimm wird's nicht sein,
da ist ja schon das Zuhören die größte Pein.

Der Blutdruck okay, im Kopfe ganz klar,
wenn du nicht vorher stirbst, wirst du 100 Jahr.
Herzrhythmus in Ordnung, kein Cholesterin,
mein lieber Herr, da braucht es keine Medizin.
Nur eines musst du befolgen, was ich dir sage,
du musst zu Fuß ins Villgraten gehen am heutigen Tage.
Bis du heimkommst, darfst du nicht dreimal niesen,
das müsstest du mit dem Tode büßen."

„Bin ich froh, Herr Doktor – auf Wiederschaugen",
sagt das Bäuerlein mit verschmitzte Augen.
„Ich niese gar nie, des tu ich gar nicht kennen,
a besseres Rezept hattest du nicht gekonnt nennen."

Auf dem Heimweg, da sitzt er eine ganze Lögge,
hinter der Gschloßmühle auf einer lerchenen Flögge.
In einer Stunde sitze ich schon auf dem Sölder dahame
dann lieg ich noch kurz in die Stube zum Lame.

HATSCHI – geniest – passiert isch nicht,
denkt's Bäuerle mit sein fröhlichen Gesicht.

HATSCHI – schon wieder, na schau amol her,
noch amol das gleiche, dann gibt's eine Malheur.

Das muss ich verhindern, es muss mir geling,
sonst hör ich heute schon die Engel sing.
Aber ah – oh – na HATSCHI, jetzt ist es vorbei,
aus ist es und gar mit meiner Erdenbürgerei.

Er legt sich langsam nieder auf seinen Rock,
er fühlt sich nicht schlecht und hat keinen Schock.
Mäuslstille liegt er und lost was passiert,
da kimmt ein fremder Mann daherspaziert.

Der stiehlt ihm ganz schnell von der Rocktasche das Geld,
und springt davon über Stock und Feld.
Der Villgrater springt auf voll Kraft und Leben.
„Wäre ich nicht hin, dir würde ich geben!"

(Imelda Trojer)

155

Die Sonnenenergie

Erfindergeist werd allen Villgratern zuigeschrieben,
vielleicht hat die Abgeschiedenheit sie dazui getrieben.
In den Köpfen steckt viel, da kann man la staunen,
da sein die Villgrater Stückln entstanden mit all ihren Launen.
Lost lei guit zui, die Geschichte isch bekannt,
aber sie zeigt auf jeden Fall Hausverstand.

S' Korn reift nicht, s' Gras fault, Regen alle Tage,
beim Heumahde ist das eine große Plage.
Bei „Lante" scheint die Sonne, a wie gar et recht,
und herinnen im Tale ist das Wetter so schlecht.

„Mir müssen etwas tun, das kann man et lassen,
vielleicht lasst sich der Sonnenschein in Kisten einfassen?"
Das ist eine gute Idee! Das wird sofort ausprobiert
und Truhen, Kisten und Kasten beim Tale ausngeführt.

Draußen in Panzendorf finden sie einen günstigen Ort,
heute steht vom Schultz das Sporthotel dort.
Die Sonne scheint eifrig in die Kisten und Kasten,
dabei können die Villgrater ein keidele rasten.
Die „Lücker" zu und schnell übern Lueg innin,
Ganz ganz hausla, dass die Sonnenstrahlen et verrinnin.

Die ersten Versuche mit der Sonne sind nicht ganz geglückt,
aber der Villgrater hat schon damals in die Zukunft geblickt.
Mit Sicherheit kann man heute noch sagen,
das waren die Vorläufer von den Solaranlagen.

(Imelda Trojer)

Heuziehen (und Holzstrotzen)

Wenn der Winter hereinbricht, ist für den Bauern die schwerste Arbeit getan, und er kann sich auf eine geruhsamere Zeit freuen, obwohl natürlich viele Bauern nebenbei vom Tourismus leben, indem sie Zimmer vermieten. Dennoch bietet aber die Winterzeit für die Bauern meist eine gewisse Entspannung von der anstrengenden körperlichen Arbeit seit dem Frühjahr.

„Hazoichn" in Prägraten: der Bauer und seine Helfer tragen „s' Bandl" beim Aufstieg in der Früh.

Aber an einigen Wintertagen wird dieser ruhigere Lebenswandel jäh unterbrochen. Wenn die Schneelage es erlaubt, wenn es nicht so arg „lahngfahrle" (lawinengefährlich) ist, hält es den Bergbauern nicht mehr daheim, und er geht mit einer Reihe von Helfern und Freunden nachts in die Berge, um von weit oben gelegenen Almen Heu zu holen. Dieses „Hazoichn", wie es z.B. in Prägraten im Virgental noch praktiziert wird, ist eine anstrengende und nicht nur wegen der Lawinen gefährliche Tätigkeit. In Prägraten arbeitet man mit einer Gerätschaft, die für das extreme Gelände angefertigt ist und kurz als „'s Bandl" bezeichnet wird. Andernorts benutzt man meist die „Fergl", wie sich am folgenden Beispiel zeigt.

In Kartitsch wird beim „Heibring" (Heubringen) von Obstans, einem Tal in den Karnischen Alpen, zunächst einmal daheim um Mitternacht aufgekocht.[12] Jeder bekommt „Reiseproviant" mit, ein so genanntes „Neinerpackl" („a Viertel Bredl", „Niggilan", „Zuckersticklan", „Stickl Wurst"), der Hausherr trägt noch Schnaps. Beim Aufstieg geht der Jüngste voraus. Oben angekommen, heißt es in kunstvoller Arbeit ein Fuder Heu so herzurichten, bis es „schian gfassn" ist. Dazu wird bei der „Lodestott" (Ladestatt) vor der Schupfe die Fergl (die Aufbauvorrichtung aus Stabeln) auf den Boden gelegt und das Heu sorgsam aufgeschlichtet. Beim Binden wird „Hoh" und „Huih" geschrieen und mit jedem Ruck fester gezogen. Die vordere Witt und die hintere Witt (Holzvorrichtungen) werden mit „Salda" (Seilen) festgebunden.

Auf der Alm

Obendrauf kommt der „Wissebam". Beim Eck werden zwei Laubzweige dazugetan, damit die Kanten verschönert sind. Nicht empfehlenswert ist dann, über die Fergl zu steigen bzw. das Biarl umzuwerfen („Biarl wölgn"); das wäre eine Schande und sehr gefährlich dazu.

Sodann wird die Fergl angezogen und es geht bergab. Damit beginnt die Schwerstarbeit mit voller Belastung für die Knie. Bei ebenen Stellen wird das ganze Fuder auf einen Schlitten aufgelegt.

Etwas anders ist der Ablauf des Brauchtums in Gsies. Dort wird mit dem „Vormaß" (Frühstück) begonnen, bei dem es Knödel mit Rübenkraut, Mohntirtlan und Milchkaffee gibt. Die Heuzieher nehmen hartes Brot und „Bockshornstingel" (Affenbrotbaum) mit. „Während des Birlfassens wird das große Ablassgebet gebetet, um eine glückliche Heimfahrt zu erbitten."[13]

Daheim angekommen, sind alle zufrieden, wenn es ohne Unfall abgegangen ist. In manchen Wäldern der Alpen künden Marterlan von den Unglücken bei der Heu- und besonders der Holzabfuhr, denn das „Holzstrotzen" (Holzschleifen) ist noch gefährlicher – die meist jungen Holzknechte bewiesen oft nicht nur Mut, sondern zeigten eine Tollkühnheit, die leicht ins Verderben führen konnte. Nach solcher harten Tagesarbeit haben sich die Beteiligten ein gutes Essen verdient. Man tanzt und feiert ausgiebig bis in die Früh.

Das Heufuder wird hergerichtet.

Beim Heuziehen in Prägraten: das Heu wird unter großen Anstrengungen ins Tal hinunter gebracht.

Jagd

Mit der Jagd ist wohl schon immer ein außergewöhnliches Brauchtum verbunden gewesen, waren doch die damit verbundenen Erfolge in früheren Zeiten lebensnotwendig, und das Jagdglück wird natürlich bis heute entsprechend gefeiert.

Die Jäger haben im Lauf der Jahrhunderte eine in hohem Maße spezialisierte Fachsprache entwickelt, die für den Laien kaum zu verstehen und noch weniger zu durchschauen ist. (Sie ist nicht zu verwechseln mit dem „Jägerlatein", der mehr oder weniger ausgeschmückten Darstellung von Erlebnissen bei der Jagd.) Hinzu kommen optische und akustische Signale, mit denen man sich verständigt; doch wurde daraus auch mancher Brauch abgeleitet.

Der österreichische Außenminister und Alt-Bundeskanzler Leopold Figl ging gerne im Umbaltal bei Prägraten auf die Jagd. Anschließend wurde im alten Finanzerhüttle bei der Pebellalm gezecht, wie ein Freund Figls, der langjährige Bezirksjägermeister Josef Oblasser aus St. Johann im Walde, noch vor wenigen Jahren, kurz vor seinem Tod, erzählte. Oblasser berichtete: „Da hat der Figl nach dem Staatsvertrag von 1955 seine erste Gams im freien Österreich geschossen!" (Foto etwa aus den 50er Jahren des 20. Jh.; v.l.n.r.: Leopold Figl, Josef Oblasser, Simon Panzl)

Der Jägergruß bei einem Treffen zweier Standesmitglieder lautet „Weidmannsheil". Das ist gewöhnlich auch die Antwort. „Weidmannsdank" wird nur geantwortet, wenn man ein Tier erlegt hat oder wenn zu einem bereits vor einiger Zeit erlegten Tier gratuliert wird.

Wichtig im Alltag des Jägers waren stets die Bruchzeichen, abgeschnittene Zweige von verschiedenen Baumarten (Eiche, Erle, Kiefer, Fichte, Tanne), wobei im Hochgebirge auch Lärche, Latsche, Zirbe, Preiselbeere oder Almrose anerkannt sind.[14] Oft wurden und werden solche als Markierungszeichen benutzt, etwa bei vereinbarten Treffpunkten.

Wenn der Jäger zum erlegten Wild kommt, nimmt er zunächst den Hut ab und hält inne, als Zeichen der Ehrfurcht vor der Kreatur. Danach erhält das Tier den „Letzten Bissen", indem ein kleiner Zweig in den Äser (Maul), bei Federwild in den Schnabel gesteckt wird. Der Jäger selbst steckt sich

Leopold Figl (Mitte) nach der Jagd; links der Taxa Migis (Remigius Unterwurzacher), rechts: unbekannt

schließlich einen Bruch, mit dem er symbolisch über das Wild streicht, an den Hut; dieser Schützenbruch wird rechts getragen.[15]

Ein Inbesitznahmebruch wird beim geschossenen Wild niedergelegt, um anzuzeigen, dass man das Stück Wild rechtmäßig in Besitz genommen hat.

Schließlich gibt es den Standesbruch, der auf der linken Hutseite getragen wird, aus Anlass von Hubertusfeiern und Jägerbeerdigungen.[16]

Von großer Wichtigkeit für die Verständigung waren in früheren Zeiten auch Hornsignale, besonders bei Treibjagden. Heute wird damit vor allem angezeigt, dass ein Wild erlegt ist: dieses wird nach der Jagd „verblasen", das heißt, es werden mit dem Jagdhorn die sogenannten Totsignale abgegeben („Hirschtot", „Rehtot" usw.). Das Jagdhornblasen ist heute sehr verbreitet, da es zu vielen Anlässen, z.B. bei Trophäenschauen oder bei Feiern, vorgetragen wird.[17] In Osttirol hat die kleine Gemeinde Lavant eine beachtliche Jagdhornbläsergruppe hervorgebracht, die internationale Bekanntheit genießt. Auch in Kartitsch gibt es Jagdhornbläser.

Ist ein Trophäenträger (Geweihträger, Hornträger) erlegt, so wird er nach altem Brauch von dem erfolgreichen Jäger und seinen Jagdkameraden „totgetrunken". Dieses „Tottrinken" sieht man als einen rituellen Akt mit religiösen Zügen an.

Jagdhornbläser auf Steffer Alple im Säumitzbachtal nach erfolgreicher Jagd

Einheimischer und auswärtiger Jäger mit Steingeiß am Rotenkogel zwischen Matrei i.O. und Kals a.G., August 1994

Die Jägerschaft besitzt sogar einen eigenen Heiligen: den hl. Hubertus. Das Fest dieses Patrons der Jäger wird am 3. November meist mit einer Messe und ausgedehnten Feierlichkeiten begangen.

Dinzeltage

Eigentlich müssten die Dinzeltage der Handwerkszünfte längst genauso untergegangen sein wie mancher andere alte Brauch, da die Zünfte ja nur noch einen nostalgischen Klang haben, ohne jeden Bezug zu ihrer Machtstellung in der Vergangenheit. Aber weit gefehlt, denn „da Moaner isch a Lugner" – dieser alte Spruch trifft wieder die Sachlage.

Tatsächlich gibt es noch Zünfte, die gar nicht so unwichtig sind, und sogar Dinzeltage existieren noch, wenn auch nicht mehr so weit verbreitet wie einst. Im oberen Pustertal wird von den Müllern und Bäckern von Niederdorf, „die das Handwerk heute noch ausüben und die aus einstigen Müller- und Bäckerfamilien stammen"[18], das Zunftwesen weiterhin gepflegt. Auch ist über einen alten Brauch zu berichten. Es wird weiterhin der Dinzeltag oder Tinzeltag begangen: die Jahreshauptversammlung mit Protokollver-

*Das immer noch lebendige
Zunftwesen in Niederdorf
im Pustertal: überlieferte
Gegenstände der Zünfte*

lesung, Rechnungslegung und Aufteilung der angefallenen Spesen; dieser
Dinzeltag findet zu Christi Himmelfahrt statt. Die Mitglieder „zahlen das
Zunftamt und die vier Quatemberämter, begleiten bei Begräbnissen von
Zunftmitgliedern und deren Angehörigen die Leichen mit brennenden
Zunftkerzen, die seitlich des Hochaltares in der Pfarrkirche aufgestellt sind
und für deren Instandsetzung dem Mesner jährlich ein Beitrag zugewiesen
wird"[19].

Gautschfeier der Drucker

Nur selten, etwa alle 10-15 Jahre, findet eine Gautschfeier in Osttirol statt.[20]
Das ist ein alter Brauch, der für jene Lehrlinge abgehalten wird, die den Beruf des Druckformen-Technikers erlernt und ihre Lehrzeit abgeschlossen
haben. Da jedoch in Osttirol nur wenige Druckereien existieren und ledig-

lich die Firma Mahl-Druck in Lienz in größerem Maße Lehrlinge ausbildet, kommt es nicht oft zu diesem Ereignis.

Bei der Gautschfeier wird der Anwärter in den Stand der Drucker erhoben. Der Ablauf ist recht genau festgelegt. Die Akteure sind: ein Gautschmeister, zwei Packer, ein Schwammhalter, drei Zeugen, eine zu gautschende Person (Gautschling). Sie tragen alle Kleidung aus der Zeit Gutenbergs, des Erfinders des Buchdrucks aus Mainz. Der Gautschmeister trägt eingangs einen Spruch vor:

Packt an! Lasst seinen corpus posteriorum fallen
Auf diesen nassen Schwamm, bis triefen beide Ballen. (1.)
Der durst'gen Seele gebt ein Sturzbad obendrauf! (2.)
Das ist dem Sohne Gutenbergs die allerbeste Tauf'. (3.)

1. Dabei wird der Gautschling von den zwei Packern auf einen Stuhl mit einem nassen Schwamm gesetzt.
2. Der Gautschling muss einen Schnaps und ein Bier trinken.
3. Der Gautschling wird in den großen Bottich mit Wasser geschmissen.

Gautschfeier beim Mahl-Druck in Lienz

Gautschfeier beim Mahl-Druck in Lienz

Damit gilt er als von allen Sünden reingewaschen. Es folgt ein weiterer Text des Gautschmeisters:

„Von Gottes Gnaden wir Jünger Gutenbergs des Hl. Römischen Reiches thun an mit jedermänniglich unserer Kunstgenossen kund und zu wissen, dass der Jünger der wohl edlen Buchdruckerkunst, Herr XY, nach altem Brauch und Herkommen heut mit Zuziehung sämtlicher zünftigen Meister als auch Gesellen unserer Offizin die Wasser-Tauf ad posteriorum und podexiorum erhalten hat und damit in sämtliche uns von Kaiser Friedrich III. verliehenen Rechte und Privilegien eingesetzt ist. Kraft derselben gebieten wir allen unseren Kunstgenossen, oben genannten Jünger Gutenbergs als richtigen Schwarzkünstler anzuerkennen und in Ehren aufzunehmen."

Nun hat der betreffende „Jünger Gutenbergs" die Prozedur überstanden und ist feierlich gegautscht.

Die Firma Mahl-Druck hat dieses festliche Ereignis mit ihrem 130-Jahr-Jubiläum zusammengelegt, wobei unter großem Aufsehen neben den beiden Söhnen des Inhabers ein weiterer Mann und auch eine Frau gegautscht wurden.

Sautrogrennen

In vielen verschiedenen Orten gibt es Sautrogrennen. Auch Osttirol hat ein solches Zentrum: die Gemeinde Ainet. Dort gibt es einen größeren Teich, der während der Isel-Verbauung in den 1960er und 1970er Jahren angelegt wurde.

Auf diesem Teich, dessen künstliche Herkunft man kaum mehr erkennt, finden die berüchtigten Ruderwettkämpfe in Sautrögen statt. Zwei Personen im Trog verwenden dabei Schneeschaufeln als Ruder. Obwohl es natürlich eine Juxpartie ist, wird die Zeit gemessen und der Sieger geehrt.

Veranstalter ist die Landjugend von Ainet. Das Sautrogrennen hat Volksfestcharakter, daher darf ein Frühschoppen nicht fehlen, bei dem die Musikkapelle Ainet aufspielt. Im Jahr 2003 wurde zugleich auch ein Maibaum versteigert.

Das Sautrogrennen ist meist eine nasse Angelegenheit.

Hornschlitten-Nostalgierodeln Würfelehütte

In Virgen hat man im Fasching 2003 eine Veranstaltung durchgeführt, die bei Teilnehmern, Organisatoren, Betreuern und Zuschauern gleichermaßen auf Resonanz gestoßen ist: ein Rennen mit Hornschlitten, bei dem es aber nicht auf die schnellste Zeit ankam, sondern auf die Gaudi und die lustigen Einfälle bei der Bekleidung.

Ein Schlitten war als Prominentenschlitten angekündigt. Auf diesem saßen Bürgermeister Dietmar Ruggenthaler, der aus Burkina Faso stammende Prägratener Pfarrer Jean-Paul Quedraogo und Keramikermeister Josef Dichtl. Unter dem Namen „Don Camillo und Peppone" setzten sie die Richtzeit, die ziemlich genau in der Mitte des Teilnehmerfelds lag. Wer ihr am nächsten kam, hatte gewonnen, und danach folgten je nach Zeitdistanz (nach oben oder unten) die weiteren „Athleten". 34 Schlitten fuhren unter zum Teil sehr originellen Namen mit: Da gab es das „Jagerblut", „Die 3 Tenöre", das „Würfeleshuttle", „Hazoicher", „Hurra die Gams", „Sauwiese", „Mitteldorfer Schaffle", „Alls Schuss", „Die Kaserer", „HSC Virgen-Leisach", „Die 3 Holz-

Beim Nostalgierodeln wird viel gelacht: Prominentenschlitten mit (v.l.n.r.) Bgm. Dietmar Ruggenthaler, Pfarrer Jean-Paul Quedraogo und Josef Dichtl.

Hornschlitten „Lukasser 1" aus Matrei wird gebremst.

knechte", www.holztransport.at, „Golplanwiesach", „Die Schmiedeisnern", „Trompetenecho", „Die Flotte Lisl" und viele weitere mehr.

Vor und nach dem Rennen wurde getränkemäßig kräftigst zugelangt, wie auch unterwegs der Pregler eine Hauptrolle spielte. Erstaunlich war, dass offenbar noch viele alte Sachen daheim auf den Stadeln herumliegen, sonst hätte es nicht eine solche Vielfalt an Bekleidung geben können. Und der stets lustige „Prädinger" Pfarrer, der ein weit geschnittenes Gewand seiner Heimat angezogen hatte, bestach durch Mut, denn ganz geheuer war ihm die Rodelstrecke nicht.

Ob es sich bei einer solchen Veranstaltung bereits um Brauchtum handelt, darüber kann man streiten. Einerseits weiß man natürlich nicht, ob damit wirklich eine Tradition begründet wird, die zur regelmäßigen Wiederholung führt. Andererseits hat die Veranstaltung durch die Bekleidung und die benutzten Gegenstände wieder an alte Bräuche erinnert.

Hornschlitten „Die Schmiedeisnern" aus Virgen raucht nach der Zielankunft weiter.

Spiele

Abgesehen von den sportlichen Aktivitäten, bei denen die üblichen Mann-
schaftsspiele wie Fußball oder Volleyball einen zentralen Platz einnehmen,
sind in Osttirol einige Kinderspiele verbreitet. Dazu zählen etwa das Templ-
hupfn (ähnlich Himmel und Hölle, Paradieshupfn) und das ebenfalls weit
verbreitete Fangenspiel, in Kartitsch „Dowischilats" genannt. Überall bekannt
ist auch das „Vosteckilats", das Versteckenspiel, das jeder aus seiner eigenen
Kindheit kennt. Beim „Opeutern" muss man versuchen, nach dem Weglau-
fen ein Ziel zu erreichen; dort wird dann „ogepeutert", das heißt, man muss
es mit den Händen berühren.

Beim „Raf treibm" werden Reifen dahingeschleudert; auch das „Ringa-
Reiha" ist sehr bekannt. Andere Arten der Kinderspiele erfordern größeres
handwerkliches Geschick, etwa wenn man ein „Maipfeifl aus Holz und
Maibluimstengl" herstellt, wie es in Kartitsch der Brauch ist. Mancher lässt

auch ein „Rindenschiffl" im Wasser treiben, wie die Spiele am Wasser zu den schönsten überhaupt, allerdings auch zu den gefährlicheren gehören.

Schreckgespenster

Furchtbare Gestalten bevölkern unsere Sagenwelt: Da wimmelt es nur so von Drachen, Lindwürmern, riesigen Fröschen und anderen Ungetümen. Schon lange bevor es Horrorfilme gab, war dies ein dankbares Gebiet für Erzähler und Zuhörer, denn schaurige Geschichten regen die Phantasie an.

Doch konnte man dadurch etwa auch versuchen, Kinder zu beeinflussen, gewisse Dinge zu unterlassen, die sie sich in ihrem Übermut ausdachten.

Was nur wenige wissen: den sagenhaften „Bluatschink" gibt es nicht nur im Lechtal, wo sich eine überregional auftretende Musikgruppe nach ihm benannt hat; nein, auch im südöstlichen Tirol treibt dieser „Bluitschink" sein Unwesen.

Der Priester Johann Bergmann, der lange Jahre in Kalkstein/Villgraten arbeitete und ein Priesteroriginal besonderer Art war, hat 1935 Aufzeichnungen verfasst, die Jahrzehnte später Egon Kühebacher (Innichen) als Vorlage für einen in der Zeitschrift „Der Schlern" erschienenen Aufsatz benutzen konnte. Darin heißt es:

„Wollten kleine Kinder ein Bohnenfeld betreten, so wurden sie von den Eltern mit der Mahnung zurückgehalten: ,Bleib la do, Kindolan, sischt frisst enk do Bluitschinke!!' Weil die Kinder vor diesem Gespenst eine große Angst hatten, hüteten sie sich, ein Bohnenfeld zu betreten."[21]

Doch es gibt noch weitere böse Geister im Villgratental: So wollte man, dass die Kinder nicht allein in den Wald gehen und sich verirren. Daher warnte man sie dringend vor den „Waldkatzen". Ob da tatsächlich existierende Tiere das Vorbild abgaben? Immerhin hat es ja in unserer Gegend nicht nur Bären, sondern auch Luchse gegeben. Heute hat man die Luchse wieder ausgesetzt, zum Nutzen des ökologischen Systems.

Wer aber abends nicht brav nach Hause geht und sich, statt den Eltern zu gehorchen, lieber im Dorf herumtreibt, der darf sich ebenfalls auf etwas gefasst machen: Dann kommen nämlich die „Betläutmutzen", und die Begegnung mit ihnen sollte besser niemand riskieren.

Markttage

Auch im südöstlichen Tirol wurden einige Orte zum Markt erhoben, ganz abgesehen von der Stadt Lienz, die ohnehin Marktrechte besitzt. Die Märkte Matrei i.O., Sillian, Innichen und Nußdorf-Debant sind bis heute durch die Markterhebung ausgezeichnet und stellen schon deswegen wichtige Zentren des öffentlichen Lebens im Iseltal und Pustertal dar. Wenn auch in unserer heutigen Konsumgesellschaft die Bedeutung der Markttage nicht mehr in dem großen Ausmaß wie früher auf dem Handel von Waren liegt, so sind die Märkte dennoch ein beliebter Treffpunkt für Jung und Alt.

In Matrei tragen die Märkte feste Namen, denn im „Marktlin" sind sie alle mit einem bestimmten Datum bzw. einem Heiligen verbunden. Der Jürgenmarkt findet am 24. April statt, im Herbst folgen der Matthiasmarkt am 21. September sowie der Ursulamarkt („Urschnmarkt") am 21. Oktober. Der am 6. Dezember durchgeführte Nikolausmarkt ist hingegen nur von kleinem Ausmaß.

In Nußdorf-Debant, das erst 1995 zur Marktgemeinde erhoben worden ist, gibt es jedes Jahr den Krämermarkt Mitte Juni, der an kein festes Datum gebunden ist.

Sillian, durch seine Lage im Hochpustertal an der Verkehrsverbindung von Lienz nach Brixen, Bozen und Innsbruck schon immer von Bedeutung, wartet gleich mit einer Vielzahl von Markttagen auf, die nicht alle einen Namen

Markttag in Matrei, 2003

Markttag in Matrei, 2003

tragen, schon gar keinen irgendwie offiziellen. Am Anfang steht der Neu-
jahrsmarkt, der etwa eine Woche nach Neujahr um den 7. Jänner durchgeführt wird (also eigentlich ein Dreikönigsmarkt). Es folgen der Lichtmess-
markt (ca. 2. oder 3. Feber, oft Montag), der unterschiedliche gelegene Markt
„Mittfast", weitere im April, Mai und Juni, der Ulrichmarkt am 4. Juli, am 15.
September der Heiligkreuzmarkt und am 3. November der Allerheiligen-
markt. Mit dem Ende November/Anfang Dezember durchgeführten Andrämarkt schließt das Marktjahr ab.

In Innichen gibt es den Blasimarkt Anfang Februar, weiterhin den Gann-
tagmarkt um den 23. Mai samstags, der früher eine Woche dauerte. Der Name
Ganntag leitet sich vom hl. Candidus ab, nach welchem die Italiener Innichen
als San Candido bezeichnen. Weiterhin hält man den Gallemarkt (benannt
nach dem hl. Gallus) um den 16. Oktober samstags ab. Es folgen noch der Leo-
poldimarkt Mitte November sowie der Andrämarkt Ende November.

Darüber hinaus besitzt auch Virgen mit dem Goasmarkt eine Marktein-
richtung. Hier hat sich ebenfalls der Schwerpunkt verlagert. Ging es früher
hauptsächlich, wie der Name schon sagt, um den Handel mit Ziegen, so sind
es heute die Vereine, die ein fröhliches Beisammensein organisieren und sich
durch ihre Stände etwas Geld verdienen. Allerdings wurde diesem Treiben
aufgrund zahlreicher „alkoholgetränkter Vorfälle" von der Gemeindeführung
ein Ende gesetzt.

750-Jahr-Feier der Markterhebung von Innichen im oberen Pustertal: Die alte freisingische Grün-dung blickte beim großen Umzug mit Stolz auf ihre lange Geschichte zurück (2003).

Beim Festumzug in Innichen

Samerfest in Mittersill

Zwar im Land Salzburg gefeiert, hat das Samerfest in Mittersill doch einen engen Bezug zur Nachbargemeinde im Süden: erstens überhaupt wegen der alten Samertradition, zweitens weil der Samerzug in Matrei in Osttirol beginnt.

Was sind nun „Samer"? Im Hochdeutschen würde man sie als „Säumer" bezeichnen, Menschen, die alte Saumpfade im Gebirge begehen. Die Samer sind für die Gegend des Iseltals und des Oberpinzgaus früher von erheblicher wirtschaftlicher Bedeutung gewesen. Über sie lief der Warenverkehr ab, und da das Pfleggericht Matrei ja lange Jahrhunderte (um 1180 bis 1805) zu Salzburg gehörte[22], waren sie natürlich in jeder Hinsicht wichtig, um die Verbindung zu dem abgeschiedenen südlichen Landesteil aufrechtzuerhalten.

Wer einmal auf den Felbertauern-Pass gegangen ist, kann sich vorstellen, welche Anstrengung es einst bedeutete, bepackt mit Waren als „Kraxentrager" den langen Weg von Matrei bis Mittersill (und umgekehrt) zu wandern. Im Gegensatz zum Felbertauerntunnel, wo die Felbertauernstraße in ihrem salzburgischen Bereich z.T. durch das Amertal führt und erst tiefer unten, weiter nördlich, in das Felbertal einmündet, ist der alte Samerweg vom Fel-

Übergang über den Tauern in historischen Trachten und Uniformen, vom Matreier Tauernhaus bis nach Mittersill

176

bertauern-Pass ab bis Mittersill durch das Felbertal abgestiegen, ein Weg, der kein Ende zu nehmen scheint.

Man nimmt heute an, dass der Felbertauern etwa ab der Bronzezeit begangen wurde, doch erstmals sollen die Römer um 15 v. Chr. eine Art Weg angelegt haben. Nach ihrem Abzug dürfte der Felbertauern erst im 8. und 9. Jahrhundert wieder stärker benutzt worden sein. In salzburgischer Zeit kam es natürlich nach und nach zu einer starken Ausweitung des Saumhandels, wobei die Blütezeit um 1300 bis 1550 gewesen sein soll.[23]

Der Felbertauern hat viele lustige und tragische Ereignisse gesehen. Zu letzteren gehören die großen Unglücke, bei denen Samer erfroren sind, aber auch das Ereignis von 1252, als während des Streits zwischen dem Salzburger Erzbischof und den Grafen von Görz-Tirol einige Salzburger Kaufleute beim Transport von Weinfässern mit Saumpferden von görzischen Dienstleuten überfallen wurden.[24] Die wichtigste Einkehr im Süden für die müden Händler war stets das Matreier Tauernhaus, die alte „Gastschwaig unterm Tauern" (Gaststätte). Über sie sind viele Geschichten erzählt worden, ist dieses Tauernhaus doch vermutlich schon 800 Jahre alt. Die 1922 am Pass eröffnete St. Pöltner Hütte war 1934 Schauplatz eines Raubmordes, dem der Hüttenwirt Friedl Steinberger und der St. Pöltner Mittelschullehrer Karl Fürst zum Opfer fielen. Mehrere andere Gäste wurden durch Schüsse verletzt. Die Täter, die kaum Geld vorfanden, konnten schon in Mittersill gefasst werden.[25]

Natürlich hatten die Säumer auch Probleme mit den Behörden. Das Heilige Römische Reich Deutscher Nation war ja ein Fleckerlteppich, und alle paar Kilometer musste Zoll gezahlt werden. Doch auch innerhalb des Erzbistums Salzburg gab es Schwierigkeiten. Bis ins 12. Jahrhundert zurück ist eine Art Alkoholsteuer nachweisbar. Sie wurde von den Erzbischöfen Wolf Dietrich v. Raitenau und später Paris Lodron jeweils noch erhöht. So versuchten die Samer, mit Tricks der Abgabenplage zu entkommen. Oft stifteten sie bei großen Saumtrieben Verwirrung, wodurch „die Posten in dem Durcheinander bei der Kontrolle doch das eine oder andere Saumross übersehen sollten"[26]. Falsche Angaben wurden gemacht, falsche Namen genannt oder Waren versteckt. Auch zog man in nebligen Nächten mit zugestopften Glocken an der Einhebstelle vorbei.

Zu ganz anders gearteten Begebenheiten zählten die gegenseitigen „Kontakte" zwischen Mittersill und Matrei, bei denen die Mittersiller Burschen beim Aufsuchen der Dirndln in Matrei die fleißigeren waren als umgekehrt die Matreier Burschen. Das ist in einem Matreier Volkslied geschildert:

Auf'n Tauan tuats schauan,
tuats Kugle werfn,
warum soll i mei Dirndl
nit holsn derfn?

Auf'n Tauan tuats schauan,
zoicht an eiskolta Wind,
und's Dirndle tuat trauan,
weil da Bue nemma kimmb.

Und a Schneele hot's gschniebn,
und da Tauan isch zue,
und jetz kuna nemma umma,
da Pinzgaua Bue![27]

Heute ist das alles Vergangenheit. Doch in jedem zweiten Jahr – neuerdings etwas seltener – wird in Mittersill zum Ende des Sommers das Samerfest veranstaltet, das eine große Attraktion im Oberpinzgau darstellt. Vom Matreier Tauernhaus aus erlebt ein Samerzug seine Auferstehung, wobei die „Samer" in traditioneller Weise mit Kraxen über den Felbertauern wandern. Rechtzeitig zum Höhepunkt des Festes treffen sie dann in Mittersill ein.

Bergmessen/Weisenblasen

Zu den in Osttirol häufig stattfindenden Bräuchen gehören die Bergmessen. In den letzten Jahrzehnten sind sie nicht nur bei der Bevölkerung immer populärer geworden, sondern auch bei den Gästen zeigt sich deutlich die Beliebtheit dieser Einrichtung. Meist werden sie aus einem bestimmten Anlass abgehalten. Zu den häufigsten Gründen zählen die Aufstellung eines neuen Gipfelkreuzes und die Jubiläen der Aufstellung von Kreuzen. Oft wird aber auch eine Gedenkmesse für die gefallenen Soldaten bzw. für die abgestürzten Bergsteiger einer oder mehrerer Gemeinden zelebriert.

Mit den Bergmessen verbunden ist gelegentlich das Weisenblasen, so etwa in Virgen und St. Veit in Defereggen auf dem Speikboden (2653 m), einem Berg des Grenzkammes zwischen Virgen- und Defereggental in der Lasörlinggruppe. Die Weisenbläser, meist Mitglieder der örtlichen Musikkapellen, schleppen ihre Musikinstrumente auf den Berg, um dort mit kirchlichen und weltlichen Weisen die Teilnehmer der Bergmessen zu erfreuen. Das ist immer ein großes Erlebnis, handelt es sich doch um unverfälschte Volksmusik, die in freier Natur erklingt. Schon des öfteren konnten Blinde und Sehbehinderte am Weisenblasen auf dem Speikboden teilnehmen, so auch der blinde Pfarrer Stefan Müller aus der Bundesrepublik Deutschland, der mehrmals die Messe zelebrierte.

Bergmesse auf dem Speikboden (2653 m)

Einen Nachteil haben diese Veranstaltungen natürlich: Sie sind wetterabhängig und gerade im Hochsommer besteht meist eine erhebliche Gewittergefahr, auf die man sich einzustellen hat.

Bergmesse bei Hoandlis Heinrich auf der Alm unterm Ochsenbug

Weisenbläser bei der Bergmesse bei „Heinrichs Alm"

Sonstiges Brauchtum/Brauchtum im Alltag

Viele Bräuche im Alltag haben einen christlichen Ursprung oder sind direkte Auswirkungen des religiösen Lebens. Obwohl manche davon schon teilweise zurückgedrängt sind, kann man dennoch meist von lebendigem Brauchtum sprechen.

Gelegentlich noch ausgeübt wird ein Brauch, der vor nicht langer Zeit allgemein üblich war: Brot und Teig wurden bekreuzt. Auch war und ist es üblich, wenn man an einem Wegkreuz vorbeikam, den Hut abzunehmen und ein Kreuz zu machen.

Bauern stellten an Palmsonntagen und Karsamstagen oft ein Kreuz in die Mitte des Ackers. Mancher hat auch den Rand des Ackers abgerecht und danach mit dem Rechen vier Kreuze in den Acker gezeichnet, an jeder Ecke eines, wobei man ein Gebet sprechen muss. Zum Almauftrieb sprengte man das Vieh mit Weihwasser, um es dem Schutz durch Gottes Hand anzuvertrauen. Soweit noch Ackerbau vorhanden ist, wird die letzte Garbe eines Jahres als Betgarbe verwendet: Man stellt sie auf dem Acker auf und spricht danach ein Dankgebet.

Wegkreuz im Virgental

Tiroler Bauernhaus: Bei Paulan, Außermariner auf Marin (Virgen). Auch die Formen der Siedlung haben viel mit dem Brauchtum zu tun.

Holzgrede

„Haign" (Heumachen) im Sommer, Virger Schattseite

Verdiente Pause zum Jausn

Gelegentlich wird in steileren Gegenden noch nach alter Art ohne die technischen Hilfsmittel „ge-haiget".

Gegen Unwetter verbrennt man „Palmkatzlan" oder man zündet eine Wetterkerze an, die speziell dafür geweiht worden ist. Bis heute erteilt der Pfarrer in der Kirche im Sommer oft einen „Wettersegen", der vor Unwetter schützen soll. Vielerorts wurden außerdem an ausgesetzten Stellen in den Bergen, wo besonders gern Blitze einschlugen, Wetterkreuze aufgestellt.

Zu den abergläubischen oder absonderlichen Bräuchen zählen gewisse Gebote und Verbote, die wenig mit der Religion zu tun haben, aber sich doch im Empfinden der Bevölkerung oft über Jahrhunderte herausgebildet und gehalten haben. Rückwärtsgehen bedeutete demnach in Kartitsch: dem Teufel Scheiter nachtragen. Eine Dohlen- oder Rabenschar über dem Haus brachte Unglück, zumindest aber Schlechtwetter. Das Brot durfte man in Außervillgraten nicht umgekehrt liegen lassen, denn dann saß der Teufel darauf. In

Ainet in früherer Zeit:
Gerda Wibmer
beim Kornschneiden

Ainet: Sennerinnen besuchen ihre Freundin auf der Alm, 1938.

Ainet: Sennerinnen beim Melken (Oblasser Kunigalm)

Käseherstellung auf der Alm: hier Zedlacher Almen, Gasser (Wibmer), Frosnitztal, Matrei

Schnittlauchbeeten wurden oft alte Schuhe vergraben, wobei nicht ganz klar ist, aus welchem Grund dies unternommen wurde. Rechen, Gabeln, Messer und Ähnliches durfte man nie mit den Zähnen oder Schneiden nach oben hinlegen, denn sonst hätten sich arme Seelen verletzen können. (Interessant ist hierbei die merkwürdige Kombination, dass der Seele, die ja als Vorstellung jenseits des räumlichen Denkens existiert und nach Abschied vom Körper keine Körperlichkeit aufweisen kann, nun doch wieder Körpereigenschaften anhaften!) Geschnittene Haare durfte man nicht wegwerfen, sondern musste sie im Ofen einheizen. Einschenken über die Hand (das heißt mit der Rückhand bzw. Nachhand) bedeutete Feindschaft.

Auch manche Sprüche und mundartliche Ausdrücke können in gewisser Weise zum Brauchtum gezählt werden. So sagte und sagt man in Mitteldorf, Gemeinde Virgen: „Tschirf, tschorf, Mitteldorf!" Damit wird eine bestimmte schleppende Gangart, vielleicht auch eine Lebenseinstellung der Einwohner angedeutet.

In Südtirol sehr beliebt sind die Heimatfernentreffen, die alle fünf Jahre stattfinden. Fast jede Gemeinde organisiert ein solches Treffen.

Allgemein akzeptiert in Osttirol und Südtirol ist ein Brauch neueren Datums, der in den letzten Jahren immer stärker aufgekommen ist: die Jahrgangstreffen. Hierbei versammeln sich ehemalige Schüler und Lehrer zunächst zu einer Messe, später sitzen sie dann im Gasthaus und tauschen Erinnerungen aus, als ob nichts gewesen wäre …

Kleine Unterschiede machen im Leben oft das Wesentliche aus; manchmal sind sie sogar sehr viel wichtiger als die großen Gemeinsamkeiten. In Außervillgraten sagt man, dass am Freitag keine entscheidende Arbeit begonnen werden darf. In Innervillgraten ist es umgekehrt: da soll man gerade am Freitag mit der Arbeit beginnen.

In Innervillgraten – aber nicht allein dort – kennt man auch noch einen „Gruiß" (Gruß), der ansonsten wenig bekannt oder im Verschwinden begriffen ist. Zu Mittag sagt man „Guit Mittag", wobei die Betonung bei „Mittag" auf der zweiten Silbe liegt. Außerdem gibt es am Nachmittag den alten Gruß „Guit Namittag". Solche Dialekteigenheiten sind leider immer seltener zu finden, stellen sie doch eine spezifische Überlieferung dar, die gerade die Besonderheit und Schönheit einer kleineren Gemeinschaft ausmacht.

Die revitalisierte Trattnermühle in Seblas, Gemeinde Matrei

Die Islitzermühle am Dorferbach in Hinterbichl, Gemeinde Prägraten

Forstarbeiter in Gwabl/Ainet beim Holzfällen, 1955

Forstarbeiter beim Essen in der Hütte, Ainet 1952

„Kraftprobe" beim „Hanklzöichn" in Ainet, 1948

191

Festliche Bauernkleidung beim Fototermin vor über 90 Jahren: Großeltern von Franz Lang, vulgo Schmiedla, Obermauern; 2. von rechts: Josef Lang (1901-1986), Vater von Franz

Eltern der Mutter von Franz Lang, auf Marin bei Faltan, Virgen Mitte der 1930er Jahre

Moidele, die Mutter von Theresia Lang (Obermauern), geht Grantn (Preiselbeeren) klauben mit großer Kraxe, Leibnitzbrugge, St. Johann im Walde, Juli 1935.

Festliche Kleidung bei der Hochzeit von Barbara Mühlburger, geb. Wibmer; hinten (3. von links und 2. von rechts) sieht man die „alten", damals noch jungen „Oberleibniger" (Kuenz-Bubn) aus St. Johann im Walde, in Tirol sehr bekannte Musiker, die inzwischen auch schon verstorben sind.

Maria und Katharina Oberpichler
vulgo Virger Schmieds-Weibischn:
Alte „Gewander", Virgen,
etwa frühes 20. Jahrhundert

Typische Kleidung einer Bäuerin,
Osttirol um 1960

Alkuser Burschen beim Ranggln, Ainet 1932

Baby als „Jaga" mit Tirolerhut, Ende der 1980er Jahre

Dreifaches Wetterkreuz oberhalb von Obbruggen: Blick ins Winkeltal, Außervillgraten

Die Heimatbühnen spielen im Osttiroler Raum eine große Rolle und gehören zu den beliebten Unterhaltungsmöglichkeiten für Einheimische und Gäste. Hier führt die Theatergruppe Mitterkratzerhof in Prägraten Bichl den Schwank „Vinzenz in Nöten" auf.

Osttiroler Frauen sind seit alters her bekannt für ihr Geschick in handwerklichen Dingen: Virgerinnen anlässlich eines Festes beim Spinnen und an der Buttermodel.

Die vielseitigen Formen der Lüftungsluken

Formen der Lüftungsluken alter Bauernhäuser

Lüftungsluke am Wurzerhof, Außervillgraten

Zierformen von Balkenköpfen

An älteren Blockbauten findet man recht interessante Balkenköpfe, die vom Zimmermann in kunstvoller Weise hergerichtet sind. Eine Auswahl dieser Vielgestaltigkeit wurde Jahre hindurch aufgezeichnet und hier dargestellt. Neben religiösen Motiven sowie verschiedenartigen Kirchendarstellungen und Kreuzen sind es Herzen und auch Stadttore. Ziemlich häufig sind die interessanten Katzendarstellungen, die die Sammlung vervollständigen.

F. Brandes

Zierformen von Balkenköpfen an älteren Blockbauten

199

Beim Flachsbrecheln in Ainet, 1946

Das „Brecheln" hatte früher eine große Bedeutung, da mit dem Flachsanbau der Stoff
für die Herstellung der Kleidung gewonnen
werden konnte. Der Flachs wurde mit Sicheln
gemäht und neunmal geröstet. Äußerlich
löste sich die Haut (äußere Membran). Nun
wurde der Strang „gebrechelt" (gehackt) und
hernach geschwungen, wobei die harten, hol-
zigen Teile absprangen. Die übriggebliebene
Leinenfaser wurde dann noch durch die „Ha-
chel" gezogen, damit das „Werch" abfiel und
die feineren Teile nach der Zubereitung am
Spinnrad schließlich für die Kleidung verwendet werden konnten. Mit dem Brecheln
verbindet sich das Brauchtum des „Kra-
gelns": Die Frauen jagten mit dem Flachs die
Männer, die normalerweise über die Wiese
wegrannten. Wurden die Männer gekragelt,
was kein sehr angenehmes Gefühl war, mussten sie sich auslösen, indem sie Wein oder andere Getränke zahlten.

Ein neueres „Brechelfest" in Prägraten (auch alle folgenden Fotos)

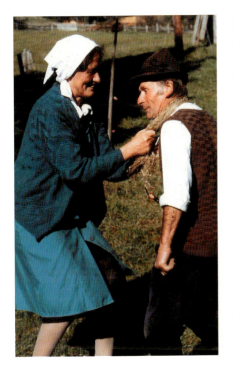

III. Brauchtum im Lebenslauf
   des Einzelnen

Geburt

Die Geburt eines Kindes ist stets ein Ereignis großer Freude. Verbunden mit großen Hoffnungen, aber auch Ängsten. Nicht nur, dass man sich früher auf alle irgendwie denkbaren Unglücksfälle einstellen musste, waren auch die ersten Lebensjahre noch voller Unsicherheit. So verwundert es nicht, wenn verschiedenste Formen des Aberglaubens auch in Tirol noch bis ins 19. oder sogar 20. Jahrhundert hinein im Alltag der Familien eine wichtige Rolle spielten. Diese Bedenken spiegeln sich oft in Sagen mit der Perchtl wider, in denen eine Schar „ungetaufter", verstorbener Säuglinge hinter dem wilden Weib herziehen muss. Andere Erzählungen aus alten Tagen wissen von Kindern, die niemals in den Himmel kommen, wenn sie nicht getauft sind.

Wenn es auch in Ausnahmefällen noch die Nottaufe gibt, so wird eine Taufe heutzutage doch eher nach Wochen als nach Tagen vom Zeitpunkt der Geburt aus zu berechnen sein.

Ein Brauch, der gleichwohl „überlebt" hat, ist das ins „Weissele giahn", „Weisat'n giahn" bzw „Weisade trogn" oder „Malle trogn". Dabei kommen die Frauen aus der Verwandtschaft und Bekanntschaft mit einem Leib Weißbrot, um dem Kind und seiner Mutter einen Besuch abzustatten. Die Besucher sparen dabei nicht mit Ratschlägen und Hinweisen, was genau denn nun die junge Mutter alles falsch oder richtig macht.

Heute nicht mehr so aktuell, aber in früheren Zeiten durchaus ein üblicher Brauch war der Pfefferkirchtag in Außervillgraten. Dabei hat man nicht bloß der menschlichen Neugier Tribut gezollt, denn ein Baby bedeutete natürlich immer eine Sensation und war einen Besuch wert, sondern man nutzte das auch als gesellschaftliches Ereignis, wobei es Gulasch, Milchreis, Nigilan und Kaffee gab.

Neuerdings findet man auch recht lustige Bräuche vor. So werden bei der Geburt weithin sichtbar Störche und Luftballons am Haus angebracht. In

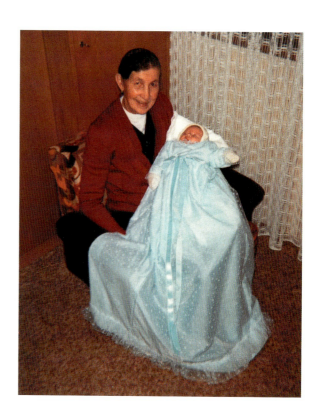

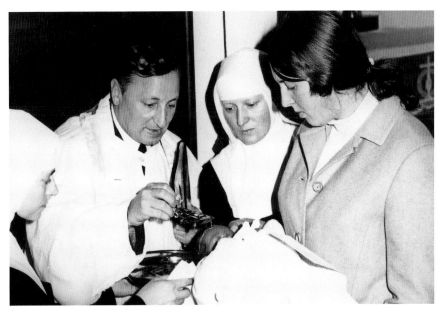

Taufe im Bezirkskrankenhaus Lienz, 1970er Jahre

Olang z.B. hat man einer jungen Familie, weil der Ehemann und Vater Fuß-
baller war, zur Geburt des Kindes eine Fußballmannschaft aus Gartenzwer-
gen aufgestellt.

Erstkommunion

Theologisch gesehen vollzieht sich die Aufnahme in die Christengemein-
schaft in drei Schritten, nämlich Taufe, Firmung und schließlich Kommunion,
wobei heute die Firmung nach der Kommunion gefeiert wird. Das Wort
„Kommunion" kommt aus dem Lateinischen („communio") und bedeutet
Gemeinde, Gemeinschaft. Wer an der Kommunion teilnimmt, schließt sich
dem von Jesus Christus verkündeten Neuen Bund mit Gott an.

Während die Taufe in der katholischen Kirche ein rein durch die vor-
gegebenen Formen der Gemeinschaft und die Auffassung der Eltern bestimmtes Ereignis ist, fängt mit der Kommunion das Kind an, seinen eigenen
Weg durch die Welt im Rahmen der Kirche zu finden. Nach einem ausführ-
lichen, von einer freiwilligen Person vermittelten Unterricht darf das Kind
erstmals im Rahmen einer eindrucksvollen Feier am heiligen Mahl teilnehmen.

Erstkommunion
(im Hintergrund Mitteldorfer Kirche)

Erstkommunion, um 1960

Erstkommunion, Virgen 2001

*Erstkommunion
in Innervillgraten*

Firmung

Sie stellt nun den bewussten Schritt dar, mit dem der jugendliche Christ nach ernster Prüfung seine Taufe und seine Überzeugung selbst bestätigen soll. Ob man mit knapp elf oder zwölf Jahren noch nicht zu jung dazu ist, sei dahingestellt.

„Als ich mich aus Gründen der Schüchternheit entschied, den Firmunterricht und die Firmung auszulassen, mahnte mich mein Religionslehrer, dass ich eines Tages dadurch nicht heiraten dürfe. Ein ungeheures Druckmittel gegenüber einem Vorpubertären, der ohnehin lieber mit seinen Freunden Cowboy und Indianer spielte, als mit einem damals noch so grauslich uninteressanten Mädchen überhaupt nur zu sprechen. Der erhobene Zeigefinger meiner Mutter war da schon um einiges wirksamer. Also ließ auch ich mich firmen. Und wenn es UNBEDINGT sein muss, dürfte ich jetzt sogar heiraten.“ (B. L.)

Firmung in Innervillgraten, 1981

Bald nach der Firmung, wenn die Entscheidung deutlicher vor Augen steht, wird der Einfluss anderer in vielen Fällen so groß, dass es nicht selten nur den ganz vom christlichen Glauben überzeugten Einzelgängern vorbehalten bleibt, sich weiterhin der Kirche im Denken und vielleicht sogar im Handeln verpflichtet zu fühlen. Im Allgemeinen tritt bald ein Desinteresse an die Stelle früherer kindlicher Gläubigkeit. Doch hat sich in Osttirol die christliche Bindung unter jüngeren Menschen noch weit stärker gehalten als in manch anderen Gegenden Europas.

Hochzeit

Die Heiratszeremonie wird nicht umsonst Hochzeit genannt. In Osttirol sind Hochzeiten noch immer „Hohe Zeiten" und innerhalb der Gemeinde eine Festlichkeit, die nicht nur Braut und Bräutigam sowie deren geladenen Gästen Anlass zur Freude bietet, sondern dem ganzen Dorf.

In früheren Tagen war die Zeit bis zur Hochzeit jedoch sowohl für den Werber als auch für die Angebetete ein langer, mühsamer Weg, und nicht immer stand die Romantik im Vordergrund. Besonders die Mädchen, die einen Hof zu Hause hatten, waren bei manchen Burschen sehr gefragt. Allerdings mussten die Brautwerber dafür einiges auf sich nehmen.

Als Erstes mussten sich die Männer in der Nacht zum Haus der Angebeteten begeben und beim so genannten „Gassln" ihre Absichten kundtun. In vielen Ortschaften Osttirols geschah dies durch das Vortragen von „Gstanzln". Vor dem Hof der Erwählten jammerte der Heiratswillige nach besten Wissen und Gewissen darüber, wie schlecht es ihm so alleine erginge und ihm der Pfarrer eine Hochzeit nahe gelegt hätte. Die Braut überschüttet der Gassler allerdings mit den schönsten und blumigsten Komplimenten.

Wenn es dem Bauern des „belagerten" Hofes zu viel wurde, verjagte er den Werber einfach. Dieser musste dem Willen des Hofbesitzers Folge leisten, da er sonst bereits beim Gassln jeden Kredit beim Bauern verspielt hätte. Um herauszufinden wie der Vater der Braut die Werbung des Burschen beurteilte, gab es ebenfalls einen geeigneten Brauch. Mit den so genannten „Werbstrauben" konnte in St. Jakob oder in St. Veit im Defereggental der Brautvater dem jungen Mann recht schnell sein Einverständnis geben, ohne mit vielen Worten seine Entscheidung kundzutun. Gab es für den Werber allerdings Molke zu trinken, bekam er somit vom Brautvater den „Schlegl". Womit dem Burschen die Chance zur Hochzeit mit dem Mädchen vertan war. Heutzutage ist dieser Brauch in Osttirol jedoch nicht mehr üblich.

Hochzeit von Ludwig Jaggler und Maria Oberpichler (1909), die später wieder in Mitteldorf lebten

Hart ging es früher in Untertilliach und in der Luggau zu. Da trafen sich die Paten der Braut und des Bräutigams, um die Geld- und Erbangelegenheiten (auch für den Todesfall!) auszumachen. Nach diesem „Richtigmachen" am Donnerstag vor der Hochzeit kamen, falls man sich einig war, die Strauben auf den Tisch; wohlschmeckendes Gebäck, das nur bei Hochzeiten hergestellt wurde und in Zeiten des Zuckermangels höchst begehrt war. Doch „böse Buben" lungerten schon in der Nähe und warteten nur auf diesen Augenblick. Sie pflegten den Brauch des „Straubenstehlens". Hatten sie eine Straube erwischt, liefen sie ins Gasthaus und aßen sie dort. Heute wundert man sich darüber. Und Strauben gibt es inzwischen natürlich auch zu anderen Gelegenheiten.

Ebenfalls sehr stark im Verschwinden begriffen ist das „Markieren" alter Wege der Brautpaare, das „Strehwigen". In der Nacht vor der Hochzeit wurden dabei mit Kalk, Sägemehl oder, wie in Oberlienz, mit Stroh die Pfade zu der jeweiligen Ex-Freundin bzw. dem Ex-Freund gekennzeichnet.

Beinahe im ganzen Bezirk findet noch das Hochzeitsladen statt. Dabei besuchen die Brautleute persönlich die engsten Verwandten und laden diese zur bevorstehenden Vermählung ein. Kartitsch unterscheidet sich beim „Laden" ein wenig von den anderen Osttiroler Gemeinden. So wurde und wird zusätzlich je ein Unverheirateter aus den umliegenden Nachbarhäusern eingeladen, um der Zeremonie beizuwohnen.

Ins Haus der Braut kommen ebenfalls die Verwandten und bringen Butter, Brot und Speck mit. Als Gegenzug überreicht die zukünftige Braut den Besuchern „Hochzeitskrapfen". In einem Brautkasten stellt man derweil den Brautschatz dar. Die angesammelten „Kostbarkeiten" bestehen zumeist aus Kleidern, Andenken oder Erbstücken und sind in Truhen oder Kästen verstaut.

Diese Truhen und Kästen spielen beim so genannten „Truchn- oder Koschtnfiagn" eine besondere Rolle. Dabei sucht der Bräutigam oftmals die „Kastenführer" aus, die sich mit folgenden Worten auf den Weg machen:

Hochzeit von Josef Raffler (vulgo Rösser zu Obermauern) und Maria Raffler geb. Assmair: Hochzeitsgesellschaft mit einem der ersten Autos in Virgen (die Trauung fand in Lavant statt), Oktober 1929; Foto in Lienz, Gartenstraße, aufgenommen.

„*Truchn fiagn*" in Prägraten

„*Truchn fiagn*" (*Kastenführen*) in Prägraten

Grüß Gott, guten Morgen,
jetzt steh'n wir hier vor Bräutigams Haus,
Du hast uns auserwählt zu holen, der Braut ihr Eigen.
Wir werden jetzt versuchen zu bringen, so gut es geht,
Wir werden deine Grüße überbringen
Und sie ersuchen uns all ihre Habe anzuvertrauen
Auf der langen Reise gib' uns doch TRANK UND SPEISE.[1]

Die jungen Burschen, mit einem Hut mit langer Feder – meistens sind es sechs an der Zahl, die aus der Verwandtschaft oder dem Freundeskreis stammen – hieven dann den Kasten oder die Truhe auf einen geschmückten Anhänger. In einigen Ortschaften wie zum Beispiel in Prägraten wird die Truhe zierlich aufgebettet, und außen herum kommen Spitzen, auf das Kopfkissen des Bräutigams ein Hemd und eine Krawatte.

Die Aufgabe der Burschen ist es, den Kasten vom Heimathaus der Braut zum Haus des Bräutigams oder zum neu gebauten Eigenheim zu transportieren. Dabei verteilen die Burschen Schnaps und Krapfen vom Wagen aus an die Passanten. Hin und wieder sind auch die Kastenführer einem Schluck nicht abgeneigt. Vor der Abfahrt geben die Männer noch einen Schlüsselreim zum Besten.

Gott grüße euch meine lieben Leut',
es ist nun Zeit zur Abfahrt bereit.
Wir danken euch für all die Gaben,
die wir erhalten haben.
Ich glaube wir haben alles beisammen –
Was sollten wir noch verlangen?
Doch um etwas muss ich noch schauen,
uns auch den Schlüssel anzuvertrauen.
Ich rufe aus unserer Mitte,
liebe Schwester erhöre unsere Bitte!
Wir wollen mit Freunden allher dein Eigen,
liebe teure Braut, das du uns heute hast anvertraut,
deinem lieben Bräutigam übergeben
und den Schlüssel in seine Hände legen.[2]

Danach setzt sich der Zug unter viel Gejohle, Böllerschüssen und „Gejuche-ze" in Bewegung. Gezogen wird der Wagen von einem Pferdegespann, während die „Kaschtenführer" tanzend, singend und jodelnd das Fuhrwerk begleiten. Allerdings ist dieser Brauch für die jungen Männer gar nicht ohne. Selbst wenn die Braut ganz in der Nähe wohnt, kann so eine Fahrt Stunden dauern. Kein Gasthaus darf ausgelassen werden, und in jedem gibt es Schnaps und Bier sowie Krapfen.

Ist kein Gasthaus in der Nähe, besteht die Möglichkeit, den Zug durch so genannte „Klausen", also enge Stellen oder gar Straßensperren, an der Weiterfahrt zu hindern. „Freikaufen" kann sich der „Kaschtenzug" nur dadurch, indem man auf spöttische Reime, die der „Klausenchef" über die Kastenführer macht, die passenden Antworten dichtet. Egal ob dies gelingt oder nicht – in jedem Fall muss von allen Beteiligten ein Schnaps getrunken werden.

Bei der Übergabe des Schlüssels geben die „schwer angeschlagenen Koschtenfiahrer" noch einen letzten Reim zum Besten:

Gott zum Gruß – was ich allen sagen muss,
nun ist unsere Fahrt hier beendet,
wir stehen hier vor Bräutigams Haus
ich glaube wir haben alles mitgebracht,
was sie uns haben dort aufgepackt.
Nun lieber Bräutigam sollten wir dir eigens her,
was wir brachten heut' zu dir,
von deiner lieben Braut, das sie uns heute hat anvertraut,
dir übergeben und den Schlüssel in deine Hände legen.
Gott segne dieses neue Heim,
er lasse alle froh und glücklich sein.
Lieber Gott, gib' deinen Segen,
für dieses künftige Eheleben![3]

Am Abend kommen dann die „Milchträger" mit den Taschen voller Strauben und Krapfen, denn während die Kastenführer das Möbelstück überbringen, sind die Verwandten beider betroffener Familienhäuser nicht untätig und backen fleißig. Zum „Milachtrogen" geladen sind meist die Verwandten und Freunde, doch zu später Stunde gesellen sich dann auch die „Werktagsbuben" hinzu. Diese sind weder verwandt noch verschwägert, aber dennoch Bewohner aus der Nachbarschaft, die dann ebenfalls bewirtet werden. Dieser Brauch der „Abendhochzeit" oder eben des „Milachtrogens", was im Endeffekt das-

Prägraten: Die Tage bis zur Bauernhochzeit bieten für alle Beteiligten ein abwechslungsreiches, oft auch anstrengendes Brauchtum.

Kastenführen Oberlienz bzw. Iselsberg-Stronach

selbe ist („Polterabend"), findet auch heute noch statt und ist meist fröhlicher und ausgelassener als die eigentliche Zeremonie. In manchen Osttiroler Gemeinden überbringt man die Geschenke bereits bei dieser Vorfeier. Musik und Tanz bilden den Rahmen des gemütlichen Abends.

Sogar der eigentliche Festakt der Hochzeit wird von den alteingesessenen Dorfbewohnern aufmerksam mitverfolgt. Standen Mann und Frau zu weit auseinander, so deutete dies in den Augen der „Schaugere" bereits auf ein vorzeitiges Auseinanderleben hin. Der Bräutigam musste besonders darauf achten, dass seine Angetraute nicht zu seiner Rechten stand, sonst war es um seine Stellung als Herr im Haus schon bei der Hochzeit geschehen. Der Braut rieten die „Alten", auf jeden Fall bei der Trauung Tränen zu vergießen, da sie diese sonst in der Ehe nachweinen müsse.[4]

Nachdem alle „Vorschriften" eingehalten sind und man sich auch feierlich die Ja-Worte gegeben hat, können die weltlichen Feierlichkeiten beginnen. Vor der Kirche bilden die Gäste ein Spalier, durch das es zu schreiten gilt. Oder sie schaffen eine Klause, bei der Braut und Bräutigam ihre Fähigkeiten unter Beweis stellen müssen. Je nach Beruf oder Hobby gestalten die Freunde und Verwandten des Paares den Durchgang. So kann es durchaus sein, dass die Braut noch im Hochzeitskleid etwas kochen, nähen oder basteln muss. Dem Mann ergeht es auch nicht besser. Im noblen Anzug sieht er sich damit konfrontiert, etwas zu schweißen, zu tischlern oder zu reparieren. Erst wenn diese Tätigkeiten zur Zufriedenheit aller erledigt sind, können die Brautleute mit ihren Freunden und Verwandten zur Feier aufbrechen. Auch die unverheirateten Männer im Bekanntenkreis des Brautpaares sind dabei natürlich geladen. Man erkennt diese besonders leicht anhand eines Hutes, der mit einer langen Pfauenfeder versehen ist. Aber das frisch vermählte Ehepaar sollte sich vor diesen „Freunden" in Acht nehmen. Tragen sie doch den so genannten „Spitzbuabmhüat".

„Auch zwei Freunde und ich hatten am Vorabend der Hochzeit unseres Freundes um Mitternacht die „Schnapsidee", uns solche Federn zu organisieren. Allerdings sind wir im oberen Iseltal mit Pfauen nicht unbedingt reich gesegnet.

Doch der Alkohol weitete nicht nur unsere Adern, sondern durchflutete auch unsere Gehirne und ließ uns die Bauern aufzählen, die einen prächtigen Pfau ihr eigen nannten. Wir beschlossen, es bei einem Hof in Matrei zu versuchen. Ein gefährliches Unterfangen, da der Bauer mit Eindringlingen nicht gerade zimperlich umzuspringen pflegte.

Mutig durch Bier und Wein machten wir uns jedoch auf zu dem Hof, um Pfauenfedern zu ergattern. Nicht ahnend und nicht wissend, dass ein ausge-

Josefa Auer beim Straubenbacken in Untertilliach

Hochzeit in Prägraten:
Die Braut wird abgeholt.

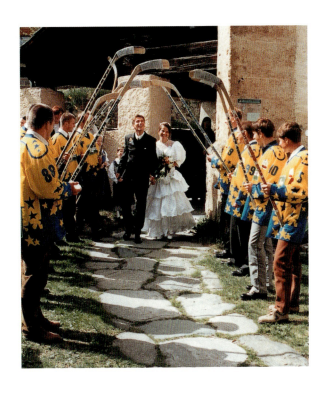

*Hochzeit in Obermauern
(Virgen): Freunde
aus der Eishockey-Mann-
schaft bilden Spalier.*

wachsener männlicher Pfau noch größer als ein Adler ist. Jedoch um einiges angriffslustiger.

Beim Weg dorthin schmiedeten wir einen äußerst einfachen Plan. Der Sepp sollte den Pfau mit beiden Armen halten und Thomas so schnell wie möglich dem Pfau die Federn ausreißen. Ich – nicht alkoholisiert – sollte in der Zwischenzeit mit laufendem Motor im Wagen warten.

Immerhin musste es schnell gehen, da ein Pfau sehr laut zu schreien imstande ist und der Bauer nicht zu den langsamsten Menschen zählte. Zum Glück für meine Freunde befanden sich jedoch nur weibliche Vögel im Stall. Allerdings konnte man an diesen Federviechern schon erkennen, dass ein Pfau wohl zu groß war, um ihn mit bloßen Händen zu halten und zu rupfen.

Die Wirkung des Weins hielt jedoch noch an und so versuchten wir es in zwei anderen Bauernhäusern in Matrei. Nach drei Stunden nahmen wir von unserem Vorhaben Abstand, da wir keinen einzigen Pfau finden konnten.

Trotzdem hatten wir am nächsten Tag Pfauenfedern auf unseren Hüten, denn der Sepp hatte bei sich zu Hause ganze Berge dieser bunten Federn. Auf das Naheliegendste kommt man immer als letztes. Die Ehe hat im übrigen nicht gehalten, allerdings sind wir fest davon überzeugt, dass es nicht daran lag, dass wir keine ‚frischen‘ Pfauenfedern ‚fladern‘ konnten." (B.L.)

Klause in Außervillgraten

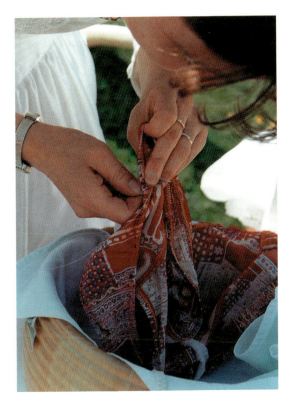

Klause in Obermauern:
eine Aufgabe für die Braut

Auf die Burschen mit den Federn auf den Hüten muss der Bräutigam besonders achten, da sie nichts als Schabernack im Kopf haben. So sind sie es zumeist, die während der Hochzeitsfeier die Braut zum Tanz auffordern, um dann mit ihr unauffällig davonzutanzen und aus dem Festsaal zu verschwinden.

Bei diesem „Brautstehlen" gibt es neben dem Bräutigam weitere Leidtragende. Zum einen die geladenen Gäste, da die Feierlichkeiten durch die große Abwanderung der „Brautstehl-Gesellschaft" wesentlich an Reiz verlieren, und zum anderen den Brautführer. Dieser hat die Aufgabe, die „Brautstehler" zu suchen. Das muss so schnell wie möglich geschehen, denn die Entführer der Braut „nisten" sich förmlich in einem benachbarten Gasthof ein und trinken so viel sie bis zu ihrer Auffindung trinken können. Die Rechnung muss dann der Brautführer bezahlen.

Im Osttiroler Oberland wird kurz vor den Hochzeiten auch meistens von einem Kranzlbui ein „Kranzlbui-Gedicht" aufgesagt. In diesem bittet der Kranzlbui in Reimform im Auftrag des Bräutigams die Braut vom Zimmer

Klause in Obermauern

und überbringt sie mit den Ledigen (Kranzlvolk) dem Bräutigam, ehe es in die Kirche zur Trauung geht. Dieser Brauch hat sich, wie das folgende Beispiel von Hilda Außerlechner (Gedicht an das Brautpaar Barbara und Martin) zeigt, bis heute erhalten:

Gott zum Gruß, liabe festlich geschmückte Braut,
Dein Bräutigam schickt mih noch oltem Brauch zu dir,
ih soll dih ehrenvoll aufm Weg zu ihm begleitn,
– aso hot er gonz streng es aufgetrogn mir.

Drum nimm Abschied, mit Donk und Ehrfurcht,
vom Heim der lustign, schian Kindheit dein,
va den Nochborn, des Dorfes trauter Geborgnheit,
– schliaß olle Erinnerungen ins Herz dir ein.

Sog „Vergelts Gott" den treubesorgtn, guitn Eltern
für ihra Liabe, für ihr selbstloses Freudeschenkn,

trog ihr Beispiel donkbor mit in dein neues Lebm,
tu, wie sie, Sorge und Anliegn ins Gebet versenkn.

Du geahst fort va dein' Gschwistern, deiner Mädchenzeit,
– voller Vertraun dem geliabtn Bräutigam entgegn.
Gott führt dih sicher, begleitet dein' Schritt zu ihm,
– in des Schöpfers Hond sollst du di Zukunft legn.

Moch deine Liabe zum Anker, net la in froher Langiszeit,
wenn noh ka Nebl trüabt und der Himml strohlend blau,
ah durchs Dornengestrüpp, auf den Wegn des Herbsts,
sei dei'm Monn a guita Freundin, u verständnisvolle Frau.

Und wenn amol Stürme, Wolkn enker Lebm umschottn,
's Glück enk für a Weile zu vergessn scheint,
nochan seid anonder Kroft, Stütze und storker Holt,
bleibt im Leid wia in der Freude, treu und innig vereint.

Braut, – hitz erbitt zu dei'm sichern Weggeleit
der Muiter und des Voters liabevolln Segn.
– Im Ehelebm, in oll dei'm gonzn Sein und Wirkn,
soll dir Gsundheit, Gnode, Zufriednheit begegn.

Die Glockn läutn feierlich zu enkerm Hochzeitsfest,
sie lodn ein zur groaßn und geheiligtn Stunde:
Barbara, Martin, – zwa Menschn gebm sih's Jowort,
und Gott isch der liabmde Zeuge in enkerm Bunde.

Ih wünsch, Braut, enker Mitnonder, es möge wochsn
und sih zur glücklichn, wohrn Erfüllung entfoltn!
Wenn enkre Hände vorm Altor sih zum Versprechn berührn,
noh werd Gott seine schütznde Hond segnend drüberholtn.[5]

Nach dem Fest ist die Hochzeit oft noch nicht zu Ende. Denn die „ledigen und unverheirateten Burschen" verabschiedeten das Brautpaar nicht wohlwollend ins herbeigesehnte Ehebett, sondern warteten mit einem letzten Streich auf. So hatten sie entweder die Eingangstüre mit Ziegeln zugemauert und der Bräutigam musste die Mauer erst niederreißen, ehe er in sein Haus eintreten

Klause in Obermauern:
eine Aufgabe
für den Bräutigam

konnte, oder das Bett wurde zerlegt, und das Paar musste es zusammen-bauen. Das „Bettstehlen" hat auch eine besondere Tradition.

Beliebt war weiterhin, die Wohnräume mit Sägemehl oder Stroh zu füllen. Besonders Übermütige stellten in Virgen sogar einmal einen übel riechenden Ziegenbock ins Zimmer des Paares.

Jede Art von „Schode tian" (Schaden antun), wie es in Kartitsch heißt, ist also möglich. Manchmal werden alte Bräuche jedoch sinnvoll aktualisiert. So wurde einmal nach dem Bettstehlen das Bett zurückgegeben, wobei man sich etwas Interessantes hatte einfallen lassen: Ein Mitglied der Feuerwehr legte einen Schaumteppich, über den dann ein anderer Spaßvogel mit Langlauf-skiern fuhr. Das hat wohl mehr Freude als Schaden gebracht.[6]

Primiz

Die erste Messe eines gerade geweihten katholischen Priesters stellt für die Bevölkerung einer ganzen Region ein außergewöhnliches Ereignis dar.

Die Gemeinde Virgen hatte das Glück, innerhalb von zwei Jahren zwei Pri-mizen feiern zu dürfen. In beiden Fällen handelt es sich nicht um Weltpriester, sondern um Ordensmitglieder, die dem Franziskaner-Orden beigetreten sind.

Pater Oliver OFM[7] trug früher den Namen Oliver Ruggenthaler. Er konnte nach Abschluss seines Theologie-Studiums im Juni 2000 den letzten Schritt seines bisherigen Weges vollziehen, indem er die Priesterweihe empfing. Kurze Zeit danach folgte die Primizfeier in der Heimatgemeinde Virgen. Wie es sich für religiöses Brauchtum gehört, wurde diese zu einem überaus gelungenen Fest. Nur selten hat man so viele Menschen auf den Straßen, dem Dorfplatz und in der Kirche versammelt gesehen wie an jenem Samstagnachmittag. Es gibt, wohl nicht nur in Tirol, einen alten Spruch, der gut ausdrückt, welch hohe Wertschätzung ein Primiziant genießt: „Für eine Primiz soll man ein paar Schuhe durchlaufen." Das spielt auf die Tatsache an, dass es in früherer Zeit oft notwendig war, Dutzende von Kilometern zu Fuß zurückzulegen, um an einer Primiz teilnehmen zu können, wobei auch der Rückmarsch mitgedacht ist. Zwar dürfte das heute bei der allgemeinen Mobilität etwas anders sein, doch zeigte die außergewöhnlich große Teilnahme nicht nur der Ortsbevölkerung, sondern auch vieler Auswärtiger, für wie wichtig ein solches Ereignis in unserer Gegenwart immer noch gehalten wird.

Primiz des Missionars Wiedemayr in Kartitsch, 15.7.1956

Feierlich geschmücktes Primiziantenhaus in Kartitsch (Primiz Wiedemayr 1956)

Die Gemeinde Virgen bereitete ihrem Neupriester mit Fahnen, Girlanden und Blumen sowie mit dem obligatorischen Glockengeläut und mit Böllern einen großen Empfang.[8] Schüler trugen Gedichte vor und Bürgermeister Dietmar Ruggenthaler sprach im Namen der politischen Gemeinde den Will-kommensgruß aus, wobei er betonte, wie wichtig es sei, dass junge Menschen wie Pater Oliver den geistlichen Beruf wählen. Auch der Obmann des Pfarr-gemeinderats Andreas Mair dankte Pater Oliver für diese Entscheidung und zeichnete die Lebensstationen des Primizianten auf. Der Abend wurde noch mit einer schönen Feier auf dem Dorfplatz gekrönt, die sich lange hinzog. Am nächsten Morgen kam der große Augenblick. Dicht gedrängt saßen und stan-den die Gläubigen in der Kirche, um die erste Messfeier des jungen Franzis-kaners miterleben zu dürfen. Als Primizspruch hatte Pater Oliver das Bibel-zitat gewählt: „Aus seinem Inneren fließen Ströme von lebendigem Wasser." (Joh. 7,38) Und wirklich gelang es dem Primizianten, diesen Spruch gleich in die Tat umzusetzen. Mit bewundernswerter Souveränität zelebrierte er sei-ne erste Messe. Der anschließende Empfang auf dem Dorfplatz bewies, wie schnell ihm die Herzen der Menschen zugeflogen waren. Manche saßen bei anregenden Gesprächen und „Primizwein" noch bis zum späten Nachmittag dort. Der Primiziant freute sich darüber.

Primiz von Ludwig Jester, Ainet 1958

Musikkapelle bei der Primiz von Ludwig Jester, Ainet 1958

Priesterweihe von Pater Oliver im Salzburger Dom 2000

*Nach der
Priesterweihe
Pater Olivers
in Salzburg:
„Just ordained"
(mit Schirm: Pa-
ter Maximilian)*

Primizprozession bei Pater Olivers Primiz in Virgen, Juni 2000

Die Franziskaner daheim bei Pater Oliver in Virgen

Von den fünf Primizianten, die ihre Wurzeln in Osttirol haben, stammen mehrere aus einem Orden: Nicht nur Pater Oliver, sondern auch Pater René (René Dorer aus Dölsach) und Pater Maximilian gehören den Franziskanern an. Daneben gibt es noch zwei Weltpriester, die ihr Theologie-Studium erfolgreich abgeschlossen und die hohen Weihen empfangen haben: Paul Kellner aus Nußdorf-Debant und Albrecht Tagger aus Leisach, die in schon fortgeschrittenem Lebensalter diesen schweren Weg auf sich genommen haben.

Nur zwei Jahre später war es in Virgen wieder soweit.[9] Wenn man bedenkt, dass die letzte Primizfeier davor im Jahre 1939 stattfand, mag man erstaunt sein. Pater Maximilian OFM war am 29. Juni 2002, dem Tag von Peter und Paul, wie schon Pater Oliver, in Salzburg zum Priester geweiht worden. Er hieß in seinem bisherigen Leben Josef Fuetsch, vulgo Rollpaula. Bevor er Priester wurde, hatte er sich schon neun Jahre in einem „normalen Beruf" bewährt: als Koch konnte er internationale Erfahrung sammeln. Doch dann hatte ihn bei einer Romreise ein Wink ereilt. Er lernte den Franziskaner-Orden kennen und entschied sich schließlich beizutreten. Bald folgten das Postulat in Telfs und das Noviziat in Reutte, woran sich das Theologie-Studium in Salzburg

Neupriester am Dölsacher Friedhof (v.l.n.r.): Pater Roland (Auer, Südtirol), Pater Ulrich (Kaufbeuren, Allgäu), Pater René (Dölsach), Paul Kellner (Nußdorf-Debant), Albrecht Tagger (Leisach); die beiden letzteren sind Weltpriester

Primiziantenhaus von Pater Maximilian in Virgen, 2002

anschloss. Nun hatte er es erfolgreich hinter sich gebracht und durfte dem bis dahin größten Ereignis seines Lebens entgegenfiebern.

Ein Großereignis wurde es dann auch wirklich in jeder Hinsicht. Wiederum säumten tausende Menschen die Straßen des Ortes, eine unübersehbare Menge, die bis zur Kirche die Kutsche begleitete, in der Pater Maximilian wie schon zuvor Pater Oliver seinen Einzug halten durfte. Erneut waren die Musikkapelle, die Schützen und die Feuerwehr aufmarschiert, und Böller brachten einen zusätzlichen Schwung in das Geschehen. Der gut zusammengestellte Girlandenschmuck zierte den Durchgang zur Kirche, in der zunächst eine Andacht gehalten wurde. Nach der Gräbersegnung erfolgte die offizielle Begrüßung auf dem Dorfplatz. Nach dem Vortrag eines Gedichts und eines Liedes, Letzteres durch die Kinder-Liturgiegruppe „Kiligru", ließ zunächst der Vorsitzende des Pfarrgemeinderats, Johann Lang, die Lebensstationen Maximilians an seinem geistigen Auge vorüberziehen. Danach gab es wie schon zwei Jahre zuvor Geschenke für den Primizianten. Neben einem von Alois Weiskopf (vlg Falta Lois) geschnitzten Kreuz erhielt Pater Maximilian unter anderem ein Paar Laufschuhe von Bürgermeister Ruggenthaler namens der politischen Gemeinde. Der Bürgermeister erwähnte die sportlichen Ambitionen Maximilians: „Der Josef ist ja recht a sportlicher Priester." Dann

Brotweihe bei einem Priesterjubiläum

konnte Ruggenthaler eine hintergründige Bemerkung nicht unterdrücken: „Aber nit zan Floichn!" („Aber nicht zum Fliehen!") Nach dem Kaiserjägermarsch und der Ehrensalve der Schützen dankte der Neupriester für alles. Auch dieser Abend wurde noch recht lang.

Am nächsten Morgen sammelte sich die Pfarrgemeinde in der „g'stopft" vollen Kirche zum Primizgottesdienst. Erstmals durfte nun der Primiziant eine heilige Messe feiern. Der Festprediger Pater Emmeram sprach dabei in ernsten Worten über die Situation der Kirche. Danach fand eine Agape für die Bevölkerung auf dem Dorfplatz statt.

Beide jungen Priester haben sich inzwischen in ihrem „Beruf" schon bewährt. Auch haben sie mehrmals in Virgen ausgeholfen, wenn der Pfarrer aus Krankheitsgründen abwesend war. In der Ferne denken sie oft mit Sehnsucht an ihre schöne Heimat im südöstlichen Tirol.

Priesterjubiläum in Kartitsch: Bergfeuer

Priesterjubiläum in Kartitsch: festlich geschmückte Häuser

IV. Militärisches Brauchtum und Tiroler Schützentradition

Das Tiroler Schützenwesen und das Landlibell

Es ist nun schon fast 500 Jahre her, dass der eigentliche Grundstein für die militärische Entwicklung Tirols bis 1919 und darüber hinaus gelegt wurde. Im Jahre 1511 wurde eine Tradition begründet, die ein bis heute lebendiges Brauchtum hervorgebracht hat.

Wie die anderen Stämme des späteren Heiligen Römischen Reiches Deutscher Nation waren auch die Bajuwaren oder ihre Vorläufer im Laufe der Völkerwanderung in ihr künftiges Dauersiedlungsgebiet eingewandert, wobei ihre Wurzeln noch stärker im Dunkel der Geschichte verborgen sind als die anderer germanischer Völker. Von Karl dem Großen recht gewaltsam in sein Fränkisches Reich eingegliedert und später bei den Erbteilungen der frän-

Schützen in Matrei i.O. (im Hintergrund Schloß Weißenstein)

kischen Karolinger-Dynastie dem Ostfränkischen Reich angehörend, entwickelte sich der bairische Raum bald zu einem wichtigen Teil des Heiligen Römischen Reiches, wenn auch der politische Schwerpunkt zunächst noch in den Gegenden am Rhein, dem heutigen Elsass, Schwaben, der Pfalz, Lothringen, dem Rheinland und bald auch im mittleren Sachsen liegen sollte. Hatte schon Karl der Große, der im Jahre 800 zum Kaiser gekrönt wurde, die germanische Sprache im Ostteil seines nunmehr Heiligen Römischen Reiches zu fördern versucht, so entstanden nach und nach die Frühformen des Deutschen, wobei das Wort „diutisk" („theodisc"), aus dem sich später das Wort „deutsch" entwickelte, in bewusster Abhebung zum Lateinischen die „Volkssprache" bezeichnete.

Im Laufe der Jahrhunderte spalteten sich einige Gebiete vom alten Herzogtum Baiern ab, darunter auch jene Gebiete, die als Grafschaft Tirol nach und nach eine gewisse Eigenständigkeit im Rahmen des Reiches zu erhalten vermochten, bis sie zu Luxemburg kamen und wenig später an Habsburg fielen. Im Lienzer Raum herrschten die Grafen von Görz, die zeitweilig auch die Grafschaft Tirol besaßen und dieses Erbe wieder teilten. Als nach deren Aussterben schließlich große Teile des späteren Landes Tirol unter dem deut-

Osttiroler Landsturm (Leisach) Ende 1930

schen König und römisch-deutschen Kaiser Maximilian I., einem Fürsten aus dem Geschlecht der Habsburger, vereinigt wurden[1], schlug für die Tiroler Militärorganisation die historische Stunde. Zwar stammten die Habsburger eigentlich aus der späteren Schweiz (Aargau) bzw. ursprünglich zumindest teilweise aus dem Elsass, doch hatten sie schon seit einiger Zeit ihren Mittelpunkt im österreichischen, genauer gesagt im Wiener Raum, gefunden, während die Lande in der späteren Schweiz aufgrund des Widerstandes der „Eidgenossen" gegen die „Statthalter-Herrschaft" der Habsburger verloren gegangen waren. Maximilian, der im Westen die burgundische Erbschaft durch Heirat und Krieg gewonnen hatte, wollte indes nicht in Wien, sondern lieber im Zentrum seiner Besitzungen seine Residenz sehen, weshalb Innsbruck fast so etwas wie die neue Hauptstadt des habsburgischen Besitzes und gewissermaßen „Reichshauptstadt" wurde.[2]

Im Gegensatz zu anderen Herrschaften konnten sich in Tirol, trotz vielfältiger Zwänge und Abgabenlasten, ein relativ starkes freies Bauerntum und eine gewisse Mitbestimmung der bäuerlichen und bürgerlichen Standesvertreter erhalten. Hieraus ergaben sich weitreichende Konsequenzen für die militärische Organisation. Im Jahre 1511, in unruhiger, von zahlreichen Kriegen

Schützenaufmarsch in Lienz 2003

Schützenaufmarsch in Lienz 2003:
Marketenderin

geprägter Zeit, als sich die Vorboten kommender Erschütterungen schon zeigten, erließ Maximilian in Bozen das berühmte Landlibell, mit dem er das Tiroler Schützenwesen in jener Form begründete, die sich über Jahrhunderte bewähren sollte. Es wurde die Verpflichtung der Tiroler festgelegt, für ihre Landesverteidigung aufzukommen. Hierzu sollten die Tiroler Stände bei Kriegsgefahr vier Aufgebote, zusammen 20.000 Mann, an bewaffneten Männern aufstellen. Darüber hinaus war bei einer gefährlichen Lage noch der Landsturm aufzubieten, der alle übrigen waffenfähigen Männer umfasste.[3] Normalerweise mussten die Waffenträger ihrem Fürsten oder Befehlshaber überallhin folgen, wo er sie einsetzen wollte, gleichgültig ob er nur sein Gebiet sichern wollte oder ob es ihn an den „Grenzen der Erde" nach Eroberungen gelüstete. Nicht so in Tirol. Im Landlibell erklärte Maximilian, dass die Tiroler sich lediglich zur Verteidigung des eigenen Territoriums bewaffnen mussten, während sie sonst keinerlei weitere militärische Lasten zu tragen hatten; weder wurden sie zu einem Krieg außerhalb ihres Landes herangezogen noch brauchten sie Kriegsdienst außerhalb der Landesgrenzen zu leisten (es sei denn durch eigenen Beschluss). Solche einmaligen Privilegien, die den Tiroler Landtag weit über alle vergleichbaren ständischen Institutionen seiner Zeit

Schützenkompanie und Musikkapelle Ainet: Einweihung des Denkmals für Johann Oblasser und Wiedergründung der Kompanie, 1908 (die Musikkapelle trägt Zivil)

Schützenkompanie und Musikkapelle Ainet 1909: die Musikkapelle trägt nun auch Tracht.

Der Aineter Landsturm 1930 bei einem Fest in Klagenfurt

Der Aineter Landsturm im Wiesergarten (vermutlich in den 1930er Jahren)

Schützen in Ainet geben eine Salve bei der Gemeindehauseinweihung ab, 1955.

stellten, wurden zur Grundlage für eine ganz eigene Militärorganisation, die mehrmals in ihrer Geschichte durch außergewöhnliche militärische Leistungen auffiel. Zwar fehlte es an einer gründlichen Ausbildung, wie sie die nach und nach aufgestellten stehenden Heere genossen, und die Ausrüstung der Tiroler war oft mangelhaft, doch konnte dies teilweise durch Enthusiasmus und geschickte Ausnutzung des Terrains wettgemacht werden.

Eine der großen Bewährungsproben brachte der bayerische Einfall von 1703 im Spanischen Erbfolgekrieg. Der bayerische Kurfürst Maximilian II. Emanuel hatte sich mit dem französischen „Sonnenkönig" Ludwig XIV. verbündet und trachtete nun, Tirol zu besetzen. Das stellte sich bald als Fehler heraus, denn die Tiroler bereiteten den Bayern empfindliche Niederlagen, so an der Pontlatzer Brücke bei Landeck und am Brenner. An die Befreiung Tirols erinnert bis heute die Annasäule auf der Maria-Theresien-Straße in Innsbruck.

Keine hundert Jahre später, im Jahre 1796, bestand die Gefahr des Einfalls der im oberitalienischen Raum siegreich kämpfenden französischen Streitkräfte. Wiederum griffen die Tiroler zu den Waffen und gelobten, einen heiligen Bund zum Herzen Jesu zu schließen, auf dass ihnen gegen den Feind geholfen würde – Ursprung eines nicht nur militärischen, sondern allgemeinen Brauches, der große Resonanz in der Bevölkerung hatte und hat: der Herz-Jesu-Bergfeuer. Tatsächlich gelang es auch in diesen Jahren, das Land erfolgreich zu verteidigen. Dafür steht symbolisch die Ladinerin Katharina Lanz, die im Gefecht bei Spinges durch ihre Tapferkeit ein Beispiel gab. Denn obwohl Spinges letztlich kein Sieg war, hatten sich die Tiroler Bauern gut geschlagen, und der Feind zog kurz darauf ab.

Der Freiheitskampf von 1809

Doch 1805, nach einer entscheidenden österreichisch-russischen Niederlage bei Austerlitz gegen das französische Heer des Kaisers Napoleon, kam Tirol zu Bayern. Dies brachte München neuerlich kein Glück. Die Tiroler, von der Ideologie der Aufklärung nur oberflächlich berührt, hatten für die bayerische Kirchenpolitik, die das alte religiöse Brauchtum einschränkte oder verbot, keinerlei Verständnis. Schließlich hatten sie sich bereits gegen die Reformen des Josephinismus, die Reformpolitik des römisch-deutschen Kaisers Joseph II., heftig

Schützen in Matrei i.O.

Defilierung in Matrei i.O.: links früherer Landeshauptmann Dr. Wendelin Weingartner, rechts früherer Bundespräsident Dr. Thomas Klestil

gewehrt, weshalb dessen Bruder und Nachfolger, der maßvolle Kaiser Leopold II., das Tempo der Reformen gebremst und manches zurückgenommen hatte. Hinzu kamen der Verlust der Selbständigkeit ab 1805, eine schwere wirtschaftliche bzw. finanzielle Krise sowie die Belastung durch die neue Wehrverfassung, die ihnen als bayerischen Untertanen sogar den gewöhnlichen bayerischen Militärdienst aufzwang. All dies rief eine tiefe Unzufriedenheit hervor, die durch das Gefühl, der französischen Hegemonie wehrlos ausgeliefert zu sein, noch verstärkt wurde und sich zu einer gesamtgesellschaftlich-politischen Krise auswuchs. Hatte sich aber schon in Spanien eine Erhebung gegen Napoleon und seine „Statthalter" entwickelt, so ließ in Tirol der durch geheime Kontakte zu österreichischen Hofkreisen vorbereitete Aufstand nicht lange auf sich warten. Er begann, als Österreich, von dem 1806/07 geschlagenen Preußen im Stich gelassen, 1809 allein in einen Krieg gegen Napoleon eintrat. War zunächst Napoleon erfolgreich, so erlebte er doch in der Schlacht von Aspern im Kampf gegen die österreichischen Truppen unter Erzherzog Karl eine denkwürdige Niederlage. Währenddessen hatten die Tiroler die bayerische Herrschaft abgeschüttelt. In dem Auf und Ab von mehrmaliger Befreiung und Wiederbesetzung Tirols hatte sich bald der Passeirer Sandwirt und Schützenhauptmann Andreas Hofer einen besonderen Namen gemacht, so dass er von Seiten des Kaisers in

Heldengedenkfeier am Andreas-Hofer-Tag: Schützenkompanie Peter Sigmayr (Olang)

Denkmal für die Freiheitskämpfer von 1809 in Virgen am Bottig

Wien[4] zum Oberkommandanten in Tirol ernannt wurde. In Kämpfen in Innsbruck und am Bergisel besiegten die Tiroler Schützen einschließlich des aufgebotenen Landsturms einige Male bayerische und französische Kontingente, was mit ähnlichem Erfolg auch in anderen Landesteilen geschah.

Die Truppen des südöstlichen Tirol hatten zu jener Zeit andere Aufgaben zu erfüllen. Denn nicht nur das Inntal und das Wipptal stellten wichtige Verkehrsverbindungen dar, sondern auch das Pustertal, das als südliche Ost-West-Achse sowohl für die Franzosen als auch für die Österreicher große Bedeutung gewann. Die Schützenkompanien und Landstürmer der Pusterer standen unter dem Befehl des Bruneckers Anton Steger, der von Andreas Hofer zum Oberkommandanten im Pustertal ernannt wurde. Sie errangen ihren größten Sieg gegen die Franzosen bei der Lienzer Klause am 8. August 1809. An diesem Kampf nahmen einige Freiburger Studenten teil, unter denen sich besonders Georg Hauger auszeichnete.[5] Das muss aber nicht weiter verwundern, denn Freiburg (im Breisgau) hatte lange Zeit zu Österreich bzw. zum Haus Habsburg gehört, so dass hier nicht nur das Zusammengehörigkeitsgefühl innerhalb des Heiligen Römischen Reiches Deutscher Nation zum Tragen kam, das auch andernorts militärische Solidaritätsaktionen hervorrief (Major v. Schill und der Herzog von Braunschweig in Norddeutschland), sondern eine direkte Verbindung mit Vorderösterreich, somit in Richtung alter Habsburger Stammlande, gegeben war. Mit Sicherheit hat Hauger durch seinen Einsatz viel Positives zum Freiheitskampf von 1809 beigetragen, weshalb die Leisacher Schützenkompanie in ehrendem Andenken heute seinen Namen trägt. Tirol war in jenen Wochen kurzzeitig der einzig freie Teil des ehemaligen, 1806 aufgelösten Heiligen Römischen Reiches Deutscher Nation, somit der einzig freie Raum der Deutschen, von deren „Deutschland" kaum mehr etwas übrig geblieben war. Von daher rührt das große Mitgefühl in vielen deutschen Landen bei der Niederwerfung des Aufstandes und beim Tod Hofers, wie es später (1831) der sächsische Dichter Julius Mosen im Andreas-Hofer-Lied ausdrückte, das 1948 vom Tiroler Landtag zur Landeshymne erklärt wurde: „… ganz Deutschland, ach, in Schmach und Schmerz, mit ihm sein Land Tirol".[6]

Nachdem die kaiserlichen Truppen unter Erzherzog Karl die Schlacht von Aspern gewonnen hatten, bereitete ihnen Napoleon in der Schlacht bei Wagram jedoch eine Niederlage. Es kam letztlich zum Waffenstillstand zwischen Österreich und Frankreich, bis nach längeren Friedensverhandlungen am 14. Oktober 1809 der Friede von Schönbrunn geschlossen wurde. In Tirol wollte man es nicht glauben, als Kuriere die Meldung überbrachten. Nicht übersehen werden sollte dabei jedoch, dass die österreichische Politik gegenüber den Tirolern recht zwiespältig war und bei höchsten Stellen zunächst

Der Leisacher Landsturm vor der Lienzer Klause 1985 (Leisach)

wenig Lust bestand, die tapferen Tiroler, denen man gerade noch die Treue versichert hatte, über die wirkliche politische und militärische Lage aufzuklären. So geriet in Tirol die Stimmung in jene seltsame Situation zwischen Hoffnung und Verzweiflung, in der die militärische Vernunft von überbordenden Gefühlen dominiert wurde. Nach mehrfachen Siegen am Bergisel, nach Siegen an der Lienzer Klause, in der Sachsenklemme und andernorts hielten es viele der führenden Kämpfer für unmöglich, dass man von Österreich im Stich gelassen würde und forderten die Weiterführung des Krieges. Hofer, der als Verwalter des Kaisers in Innsbruck agierte und wenig Hoffnung hegte, noch etwas erreichen zu können, ließ sich nach vorübergehender Kapitulationsabsicht umstimmen und rief erneut zum Freiheitskampf auf, dem sich nur Teile der Bevölkerung anschlossen. Was folgte, war ein heroisches, aber militärisch zunehmend aussichtsloseres Aufbäumen bis weit in den Dezember hinein, das nun vollends zum Partisanenkrieg gegen eine gewaltige Übermacht wurde und nach letzten Gefechten im Iseltal (Klauswald, Ainet/ Oberlienz), im Pustertal (Bruneck) sowie im Burggrafenamt mit einer harten französischen Abrechnung endete. Viele Kämpfer aus dem südöstlichen Tirol wurden erschossen, besonders Schützenhauptleute, wobei hier lediglich an Johann Oblasser (Ainet) und Franz Frandl (Virgen)[7] sowie an den Oberleutnant Peter Sigmayr (Olang) erinnert sei. Ähnlich erging es dem Virger

Pfarrer Damaszen Siegmund und seinem Kooperator Martin Unterkircher, die enthusiastisch für den Aufstand geworben hatten.

Es fällt heute leicht, diese Leute ebenso wie den bekannten Kapuziner-Pater Joachim Haspinger als Fanatiker und Unglücksbringer zu verurteilen. In dem alles in allem recht gut gelungenen Film „Andreas Hofer – Die Freiheit des Adlers", der freilich zugunsten der künstlerischen Darstellung die historischen Abläufe oft wenig beachtet, wird Hofer als tragischer, zuletzt verzweifelnder Held, Haspinger aber – auch stellvertretend für andere – als gefährlicher Hetzer dargestellt. Hier hat sicherlich die pädagogische Absicht eine wesentliche Rolle gespielt, galt es doch zu zeigen, wie Hofer von einigen fanatisierten Beratern auf den falschen Weg gebracht und zunehmend von ihnen gelenkt wurde; eine Warnung vor heutigem Fanatismus gewissermaßen. Man muss aber dabei immer sehen, dass z.B. ohne Haspinger der für ein solches Freiwilligenheer notwendige kriegerische Geist schon in den ersten Schlachten kaum aufgebracht worden wäre, was die Möglichkeit zu siegen fast auf Null herabgesetzt hätte. Immer wieder waren es vor allem Anstrengungen, den gesunkenen Mut neu zu beleben, die schließlich Erfolge ermöglichten. Und wenn auch der Aufstand in seiner letzten Phase durch das französische Strafgericht blutig beendet wurde – Andreas Hofer selbst wurde am 20. Februar 1810 in Mantua standrechtlich erschossen –, so darf andererseits die politische Konsequenz nicht verkannt werden, die viel weiter wirkte als alle direkten militärischen Aktionen (unabhängig auch von der gegen die Aktivisten umgeschlagenen Stimmung im eigenen Land[8]): Die Tiroler Landesverteidigung unter Andreas Hofer wurde zu einem Fanal, der Anführer der Tiroler zu einem Vorbild, und ihr Aufstand führte neben dem der Spanier bei vielen Menschen in Mitteleuropa, gerade auch in Preußen, zu einer tiefen Bewusstseinsänderung, die schließlich in indirekter Auswirkung zu den Ereignissen von 1813 mit beitrug, obwohl der Tiroler Aufstand zunächst militärisch gescheitert war.[9] So erst konnte Napoleon in den Freiheitskriegen von 1813 bis 1815 besiegt und gestürzt werden.

Die weitere Bewährung des Schützenwesens bis zum Ende des Ersten Weltkriegs

Wenn es um militärisches Brauchtum geht, wird man vor allem den Ersten Weltkrieg erwähnen müssen. Da zeigte sich das Tiroler Schützenwesen nochmals in seiner ganzen Größe und Tragik. Zuvor ist noch ein Blick auf die militärische Entwicklung zu werfen.

Schon kurz nach der Befreiung Tirols wurden aus dem 1813 gebildeten und 1815 aufgelösten Fenner-Jägerkorps, das an der Befreiung großen Anteil gehabt hatte, die Kaiserjäger aufgestellt, die in der wechselhaften Geschichte des österreichischen Heeres zwischen 1816 und 1918 einen der Glanzpunkte bieten. Freilich wurde mit ihrer Aufstellung auch ein wesentliches Prinzip der Tiroler Landesverteidigung durchlöchert: die Selbstverteidigung, die nur auf Tirol beschränkt war (mit Ausnahme gewisser Freiwilligen-Einheiten). Das zeigte sich mit der Zeit noch deutlicher, denn 1866 erhielten die Tiroler Landesschützen die eigentlichen Aufgaben der Landesverteidigung. Nicht mehr ein nur im Kriegsfall aufgestelltes Milizheer, sondern ein stehendes Heer wurde für die Landesverteidigung verpflichtet und deren wichtigster tragender Pfeiler. Im Ersten Weltkrieg (1914-1918) erwies sich dann, dass nicht nur die Kaiserjäger, sondern auch die Landesschützen-Regimenter keineswegs nur für die Tiroler Landesverteidigung eingesetzt wurden, sondern auf dem östlichen Kriegsschauplatz (Galizien) im allgemeinen Staatsinteresse im Rahmen des österreichisch-ungarischen Heeres in den Kampf ziehen mussten.

Trotzdem kam die alte Tiroler Landesverteidigung, das Standschützenwesen, in jenem Krieg nochmals zum Tragen – zum letzten Mal in ihrer tra-

Col di Lana-Patrouille des Jägerbataillons 24 (Lienz) mit der Feldstandarte des 2. Tiroler Kaiserjäger-Regiments 2003

Sepp Innerkofler

Sepp Innerkofler, der weit über die Grenzen Tirols hinaus bekannte Standschütze, gehörte zur Schützenkompanie Sexten, Bataillon Lienz. Er war einer der berühmten Bergführer seiner Zeit und bewirtschaftete die Drei-Zinnen-Hütte, die schon kurz nach Kriegsbeginn 1915 zerstört wurde. Innerkofler gelang es zusammen mit seiner legendären „Fliegenden Patrouille", durch rege Aktivität dem Feinde ständige Präsenz an vielen Punkten der Sextener Dolomiten vorzutäuschen und damit in den wichtigsten Tagen ab dem 23. Mai 1915 den ansonsten fast ungehinderten italienischen Einbruch entscheidend zu verzögern. Durch seinen frühen Tod am Paternkofel (4. Juli 1915), wo er sich bei einem ziemlich aussichtslosen Unternehmen opferte, ging er als Symbol der Standschützen in die Geschichte ein. Eventuell fiel er sogar durch eigenen MG-Beschuss („friendly fire"). Die heutige Standschützenkompanie Sexten trägt seinen Namen.

ditionellen Form. Nach einigen Verhandlungen trat Italien, das über 30 Jahre lang mit Österreich-Ungarn und dem Deutschen Reich verbündet gewesen war, auf die Seite der alliierten Mächte England, Frankreich und Russland. Am 23. Mai 1915 erklärte Italien Österreich-Ungarn den Krieg, obwohl dieses zu Gebietsabtretungen (Trentino, Teile des Küstenlandes) bereit gewesen wäre. In der Stunde der Not, als die Grenzen offen standen, brachte Tirol eine militärische Organisation zustande, die vorbildlich wirkte. Nicht nur der inzwischen rechtlich als eine Art Ersatzreserve aufgestellte Landsturm[10], sondern auch die freiwilligen Standschützen der Tiroler Schützenkompanien[11] und andere Freiwilligenformationen aus den Alpenländern halfen, die schwach besetzte Front in Tirol und Kärnten zu verteidigen[12], bis nach der ersten kritischen Phase die dringend benötigte Verstärkung eintraf. Hier wurde auch ein aus bayerischen, preußischen, württembergischen, mecklenburgischen und badischen Einheiten bestehender Verband, ein Mittelding zwischen Division und Armeekorps, eingesetzt, das „Deutsche Alpenkorps", das unter dem Kommando des bayerischen Generals Konrad Krafft von Dellmensingen die Dolomitenfront und die Karnische Front zu stabilisieren half.[13] Nur selten hat zwischen Verbündeten in der Militärgeschichte eine so enge und gute Verbindung bestanden wie zwischen dem Deutschen Alpenkorps

Virger Schützen marschieren bei einem Fest in der Heimatgemeinde.

und den österreichischen Truppen an der Südwestfront, eine Kameradschaft, die wesentlich dazu beitrug, die Front gegen einen zahlenmäßig weit überlegenen Feind zu halten, dessen Eliteeinheiten – Alpini und Bersaglieri – sich besonders im Gebirge, im Gegensatz zu seiner normalen Infanterie (Fußtruppe), hervorragend schlugen. Als dann endlich die Tiroler Kaiserjäger und die Tiroler Landesschützen (die eigentliche Hochgebirgs-Elitetruppe mit Alpinausbildung) von der Ostfront her auf dem italienischen Kriegsschauplatz eintrafen, war die Lage gerettet und Österreich-Ungarn konnte weitere Jahre in diesem schweren Ringen bestehen; eine Art „militärisches Wunder", das bis heute Erstaunen hervorruft.

Welch tiefen Eindruck das Verhalten der Tiroler Bevölkerung auf das Alpenkorps machte, zeigt am besten eine Episode, die uns überliefert ist:

„Als der Befehlshaber des deutschen Alpenkorps, General Krafft von Dellmensingen, damals mit seinem Kraftwagen durch die leeren Ortschaften in Tirol fuhr, fragte er den ihn begleitenden österreichischen Generalstabshauptmann Pfersmann: ‚Ja, wo sind denn die berühmten Tiroler? Ich sehe keine.' Pfersmann antwortete: ‚Exzellenz, die sind alle an der Front zur Verteidigung gegen die Italiener.' Da griff, wie Pfersmann schreibt, der sonst so

Schützenkompanie Assling, 1933

herrische deutsche General an seinen Helm und sagte mit bewegter Stimme: ‚Ich neige mich vor dem Opfermut des Tiroler Volkes. Etwas größeres gibt es nicht auf Erden.‘"[14]

Die Soldaten des Alpenkorps kamen anschließend im Serbienfeldzug zum Einsatz. Bald mussten sie an der Westfront in die Hölle von Verdun ziehen (1916). Sie nahmen als Zeichen ihres Verbandes das Edelweiß an, wie es die Tiroler Landesschützen führten – der Beginn der Edelweiß-Tradition, die sich bis heute im österreichischen Bundesheer und in der deutschen Bundeswehr erhalten hat.[15] Im Herbst 1917 kam das Deutsche Alpenkorps nochmals an die Südwestfront, wo es mit zu einem der größten Erfolge der Koalitionskriegführung der Mittelmächte beizutragen vermochte: der 12. Isonzoschlacht und der anschließenden Isonzooffensive der Zentralmächte, die zu einem teilweisen Zusammenbruch der Italiener führte.[16]

In den Jahren von 1915 bis 1918 hielten die drei Regimenter der Landesschützen[17] (1917 wurde ihnen der Ehrentitel Kaiserschützen verliehen) und die vier Regimenter der Kaiserjäger[18] nicht nur wichtige Stellen der Front, sondern konnten auch an Offensiven erfolgreich teilnehmen. So beteiligte sich, um nur ein Beispiel zu nennen, das I. Bataillon des 4. Tiroler Kaiserjäger-

Regiments an der Isonzooffensive, während das II. und das III. Bataillon am Monte Pasubio, dem Eckpfeiler der Tiroler Front, standen.

Schließlich brach, nachdem die entscheidungsuchenden Offensiven der Mittelmächte an der Westfront (in Frankreich) und der Südwestfront (im Veneto, Oberitalien) gescheitert waren, im Herbst 1918 die Front im Südwesten zusammen; viele Truppen der anderen Völker der Donaumonarchie wollten nicht mehr kämpfen und traten den Rückzug an. Der Erste Weltkrieg mündete in chaotische Zustände.

Das Schützenwesen in den Jahren nach 1919

Die Zwischenkriegszeit brachte Jahre großer Not. Eine politisch und wirtschaftlich sehr schwere Zeit setzte nicht nur für Südtirol ein, das nach der Abtretung von 1919 unter einer scharfen Italianisierungspolitik zu leiden hatte, sondern auch für Nord- und Osttirol, wo innerer Hader und schwierige wirtschaftliche Bedingungen selbst in Zeiten der Beruhigung die Situation bestimmten. Wirtschaftlich und verkehrstechnisch hatte die De-facto-Dreiteilung Tirols nach 1918 besonders für Osttirol katastrophale Folgen.

Schützen beim Abgeben einer Salve auf dem Lienzer Hauptplatz

Im österreichischen Bundesland Tirol versuchte man, mittels einer Volksabstimmung den Anschluss an das Deutschland der Weimarer Republik durchzusetzen. Zwar stimmten die Tiroler 1921 mit überwältigender Mehrheit für diese Angliederung an das Deutsche Reich (Bundesland Tirol: über 98 %; nur Osttirol: ca. 99 %), doch war sie undurchführbar, da die alliierten Siegermächte in den Verträgen von Versailles und St. Germain (1919) entgegen der Proklamation des Selbstbestimmungsrechts der Völker jede derartige Aktion verboten hatten. Auch die österreichische Republik als ganze, die die Angliederung an das Deutsche Reich beschlossen hatte, hatte diesen Schritt nicht vollziehen dürfen und den Namen „Deutschösterreich" ablegen müssen. Wie es der französische Verhandlungsführer bei der Friedenskonferenz, Georges Clemenceau, gesagt hatte, war „Österreich" nun bloß noch das, was von der Donaumonarchie übrig geblieben war: „der Rest ist Österreich". Österreich musste nur drei Jahre nach dem Vertrag von St. Germain eine „Genfer Völkerbundsanleihe" aufnehmen, um seine Währung zu retten, und ließ sich im Gegenzug in den Genfer Protokollen vom 4. Oktober 1922 weiterhin Beschränkungen in seiner außenpolitischen Entscheidungsfreiheit auferlegen; dies betraf die Bestätigung des Anschlussverbotes auf 20 Jahre sowie die Einsetzung einer Kontrollkommission für die Staatsfinanzen. 1932 wurde die Völkerbundsanleihe unter dem Druck der Spannungen der Weltwirtschaftskrise verlängert bzw. erneuert. Somit stellte Österreich fast eine Art Protektorat des Völkerbundes dar; ein von den Siegermächten Frankreich, Großbritannien, Italien und USA stark abhängiges Gebilde, das nur durch deren relative Uneinigkeit (wegen oft entgegengesetzter Interessen) in manchen Fragen einen kleinen Entscheidungsspielraum hatte.

Während das Schützenwesen in Südtirol verboten wurde, bildete es sich in Nord- und Osttirol in Anlehnung an die paramilitärische „Heimatwehr" nun zumindest teilweise als stärker (partei-)politisch beeinflusste Organisation heraus.[19] Das militärische Brauchtum knüpfte an die Vergangenheit an, die Schützentradition blieb formal bestehen, doch war sie unter ganz neuen Rahmenbedingungen großen Belastungen ausgesetzt, weshalb viele ihre Hoffnungen in die Wiedereinführung der Monarchie setzten und das so genannte „rote Wien" ablehnten. In der Zeit des „christlichen" autoritären „Ständestaates" (1934-1938) unter den Kanzlern Dollfuß und Schuschnigg bestand eine stärkere Anbindung der Tiroler an den österreichischen Staat; allerdings bot diese Integration in der politisch-wirtschaftlichen Krise der Jahre ab 1929 bzw ab 1933/34 keine dauerhaft stabilisierende Grundlage. In einer Situation des sozialen Umbruchs, großer wirtschaftlicher Not und ho-

Geburtshaus von Peter Sigmayr mit Defilierungsposten beim 10. Bezirksfest am 20.8.2000 in Olang

her Arbeitslosigkeit fand auch der Nationalsozialismus Anklang – was schließlich im „Anschluss" Österreichs an das Deutsche Reich im März 1938 münden sollte.

Tiroler kämpften im Zweiten Weltkrieg an vielen Fronten, man konnte sie an U-Boot-Häfen ebenso finden wie tief in der Sowjetunion oder auf dem Balkan. Es sei aber besonders an zwei Schauplätze dieses Krieges erinnert, auf denen Tiroler im Einsatz standen und sich unter schwierigsten Umständen bewährten: die Eismeerfront in Lappland und das Hochgebirge des Kaukasus. Mit Stalingrad und Kursk sollte 1943 die militärische Kriegswende folgen, und die Zivilbevölkerung war zunehmend vom alliierten Bombenkrieg betroffen.

Die ersten Nachkriegsjahrzehnte schienen die Not zu lindern, besonders durch den wirtschaftlichen Wiederaufbau in Nord- und Osttirol, während sich die Situation im Süden des Landes politisch immer aussichtsloser gestaltete, bis sie in den 60er Jahren in Bombenattentate und Partisanenaktionen mündete; diplomatische Verhandlungen zwischen Österreich und Italien zogen sich über viele Jahre hin. Zwar wurde die Landeseinheit und Wiedervereinigung Tirols nicht erreicht, aber mit der „Paket-Lösung" wenigstens eine gewisse Autonomie Südtirols in Italien, die eine bedingte Sicherheit gegen direkte italienische Versuche gab, Südtirol politisch zu entmündigen und zu italianisieren.

Eduard Wallnöfer, der legendäre Landeshauptmann von Tirol[20], brachte manche Neuerungen; er hoffte, die Wiedervereinigung der Landesteile fördern zu können, was ihm aber trotz großer Bemühungen nur teilweise gelang. Osttirol war in jener Zeit benachteiligt, vor allem wirtschaftlich erschien es wie das viel berufene „fünfte Rad am Wagen Nordtirols", wenn auch die Fertigstellung des Felbertauern-Tunnels 1967 eine erste „Öffnung" brachte. Der nächste Schritt auf dem Wege in eine bessere Zukunft sollte der bedingte Wegfall der Grenze bei Sillian und am Staller Sattel im Rahmen des Schengener Abkommens der Europäischen Union sein.

Eine eingeschränkte, aber doch noch vorhandene Solidarität zwischen den Landesteilen bewährte sich in diesen Jahren des Kampfes um die Landeseinheit. Wiederum waren es besonders Tiroler Schützen, allerdings hauptsächlich aus dem Süden, die sich für das gemeinsame Ziel einsetzten.

So bildet Tirol trotz Dreiteilung bis in unsere Zeit hinein noch ein Land, das über sogenannte „Staatsgrenzen" weit hinausgreift.

Wenn heute vielfach Kritik am militärischen Brauchtum zur Sprache kommt, so müssen doch verschiedene Seiten bedacht werden. Sollte es wünschenswert sein, die Freiheitskämpfer von 1809 zu vergessen, ebenso die Landesschützen, Standschützen und Kaiserjäger von 1915 bis 1918 sowie die Südtirol-Aktivisten der Jahre zwischen 1961 und 1969? Eher schiene es sinnvoll zu sein, die Tiroler Freiheitskämpfer und Soldaten (was sich oft nicht trennen lässt) besonnen aber konsequent, ohne die jeweilige kritische Auseinandersetzung zu vernachlässigen, in das historische Gedenken Tirols zu integrieren. Landeshauptmann Herwig van Staa tat dies, indem er an der offiziellen Gedenkfeier in Südtirol für den 1964 im Gefängnis verstorbenen Freiheitskämpfer Sepp Kerschbaumer teilnahm; ebenso verhielt sich sein Vorgänger, Landeshauptmann Wendelin Weingartner. Beide hatten zudem ein Treffen der ehemaligen Südtirol-Aktivisten besucht. Auch wurden Abordnungen der Südtirol-Aktivisten 1999 im Wiener Parlament offiziell empfangen und geehrt.

Inzwischen wurde der Gesamttiroler Schützenbund gegründet, der als übergeordneter Dachverband für Nord- und Südtiroler arbeitet, wobei sich Osttirol aktiv beteiligt. Damit können die Schützen sich im Rahmen der von politischer Seite ausgerufenen Europaregion Tirol wieder verstärkt der Förderung der Landeseinheit und der Bewahrung der geistig-kulturellen Identität widmen. Insbesondere wird im südöstlichen Tirol darauf zu achten sein, dass Ost- und Südtiroler Schützen in Zukunft enger zusammenarbeiten.[21]

Der Col di Lana-Tag des Jägerbataillons 24

In Osttirol hat man von Seiten der hier garnisonierten Einheiten stets in feierlicher Weise der Tiroler Schützentradition und der Kaiserjäger gedacht. Das Jägerbataillon 24, das hauptsächlich in Lienz liegt, hat vom österreichischen Bundesheer den Auftrag übernommen, die Tradition des 1. und 2. Tiroler Kaiserjäger-Regiments zu pflegen.[22] Als Kaiserjäger-Traditionstag ist der 17. April zugewiesen, da am 17. April 1916 die Italiener den Gipfel des Col di Lana hoch über dem ladinischen Buchenstein mitsamt der österreichischen Besatzung in die Luft sprengten.[23] Trotz des Verlustes konnten die österreichischen Verteidiger in der Folge den dahinter liegenden Monte Sief halten, bis die Italiener sich infolge der Isonzooffensive der Zentralmächte im Herbst 1917 gezwungen sahen, die Dolomitenfront zu räumen.

Auch im Jahr 2003 hat das Jägerbataillon 24 den Col di Lana-Tag in würdiger Form gefeiert. Die Soldaten des Jägerbataillons traten zu einer Feldmesse mit Defilierung an, wobei neben Persönlichkeiten des öffentlichen Lebens Vertreter einer Schützenkompanie und Mitglieder des Kaiserjäger-Traditionsverbandes in der alten Paradeuniform anwesend waren.

Soldaten der Tragtierstaffel des Jägerbataillons 24 mit Haflingern, Col di Lana-Tag, Lienz

Col di Lana-Tag des Jägerbataillons 24: Gedenkfeier in Lienz 2003

Col di Lana-Tag 2003: 3. Jägerkompanie bei der Defilierung in der Haspinger-Kaserne in Lienz

Einer der Höhepunkte des Tages prägte sich den Mitfeiernden besonders ein, denn mit der Übergabe einer Feldstandarte des 2. Kaiserjäger-Regiments an die Col di Lana-Patrouille des Jägerbataillons, die kurz zuvor eine Skitour zum Gipfel des gesprengten Berges unternommen hatte, wurde die Verbundenheit des Bundesheeres mit der altösterreichischen Tradition eindrucksvoll vor Augen geführt. Erstmals wurde damit wieder von einer aktiven Truppe des Bundesheeres eine Feldstandarte der Kaiserjäger getragen.

Die Schützenaufmärsche und Schützenfeste

Meist ist es die frühe Sommerzeit, wenn sich an Sonn- und Feiertagen in Tiroler Orten ein buntes Bild bietet. Schon bei der Messe und der Prozession wartet dann der gespannte Kirchgänger auf ein bestimmtes Ereignis: Irgendwann hört er bekannte militärische Befehle, die spätestens bei dem laut gerufenen Wort „Generaldecharge!" einem Höhepunkt zusteuern. Heißt es dann „Hoch an", so folgt, oft kaum mehr vernehmlich, „Feuer", denn da

Gedenkstätte des Freiheitshelden Peter Sigmayr, wo er zum Gebet verweilte, bevor er sich den Franzosen stellte (Gedenkkreuz, 1995 errichtet von der Schützenkompanie Olang)

kracht schon die Salve in den Himmel. Die örtliche Schützenkompanie in ihrer traditionellen Tracht ist angetreten, oft begleitet von der Musikkapelle.

Beide Vereinigungen gehören in Tirol zu den wichtigen sozialen Strukturen in den Gemeinden und spielen bei der politischen und sozialen Integration eine entscheidende Rolle.

Neben den Aufmärschen sind die Schützenfeste ein schöner Bestandteil des Dorf- und Stadtlebens.

Am Andreas-Hofer-Tag, dem 20. Februar, wird in vielen Orten dieses Freiheitskämpfers von 1809 gedacht. In Olang ist dies zugleich mit dem Gedenken an einen anderen Mann verbunden, der ebenfalls als „Held" der Tiroler Geschichte verehrt wird, wie es auf seinem Denkmal heißt: Peter Sigmayr (Siegmair), der Tharerwirt von Olang, gehört bis heute zu den bekanntesten Gestalten von 1809. 1775 geboren, war er Oberleutnant der Schützenkompanie Olang und beteiligte sich auch nach dem Frieden von Schönbrunn an den Kämpfen. Als nach dem Zusammenbrechen des Aufstandes der französische General Broussier sein Strafgericht über das Pustertal abhielt, wurde auch Sigmayr, der sich auf der Flucht befand, in Abwesenheit zum Tode verurteilt. Da sie seiner nicht habhaft werden konnten, verhafteten die Franzosen seinen alten Vater und drohten, diesen an seiner Stelle zu erschießen. Doch Peter Sigmayr, der in seinem Versteck in den Bergen davon hörte, stieg ins Tal ab und

40-jähriges Wiedergründungsjubiläum der Schützenkompanie Peter Sigmayr, Olang (11.4.1999)

Beim Alpenregionstreffen in Matrei

stelle sich freiwillig. Trotzdem wurde er nicht begnadigt, sondern am 14. Jänner 1810 am Dorfeingang von Mitterolang erschossen, sein Leichnam dann noch zur Abschreckung aufgehängt.

1910 errichtete man ihm zu Ehren ein Denkmal auf dem Dorfplatz in Mitterolang. Dort findet nach der Messe am 20. Februar die Gedenkfeier statt. Nach der Rede eines Politikers erfolgt die Kranzniederlegung am Denkmal des Thararwirts, an die sich die Jahreshauptversammlung der Schützen anschließt.

In Osttirol hält man gelegentlich Gedenkfeiern zu Ehren der Landesverteidiger von 1809 ab. Es wäre sicher sinnvoll, das Gedenken wieder mehr im Bewusstsein der Bevölkerung zu verankern. Hierbei hätten die Schützen eine große Aufgabe, gerade auch in Zusammenarbeit mit den Schulen. Man sollte sich erinnern, wie sehr noch vor wenigen Jahrzehnten der Freiheitskampf von 1809 im allgemeinen Bewusstsein der Tiroler verankert war. Etwa Mitte der 60er Jahre des 20. Jahrhunderts wurde in einer Osttiroler Schule den Schülern folgendes Gedicht beigebracht:

Die Ahnen aus dem Jahre „Neun"

Die treu für Gott und Vaterland
des Ruhmes Schlachten schlugen
und todesmutig in der Hand
die blut'gen Banner trugen,

sie rufen uns aus tiefer Gruft
ins Herz ein ernstes Mahnen:
„Ihr Enkel, wenn die Pflicht einst ruft,
schart euch um unsere Fahnen!"

Drum heben wir getreu und frei
zum Schwur die tapfre Rechte,
dass unser Tun ein Vorbild sei
dem kommenden Geschlechte.

Und wo der rote Adler kreist
und froh die Banner wehen,
dort soll – erfüllt von Vätergeist –
auch heut die Jugend stehen.

So weihen wir auch diesen Kranz
Der Heimat Heldensöhnen,
und unserer Liebe Sonnenglanz
soll ihre Gruft verschönen.
(Johann Baur, Schlaiten)

Die Instein-Gedenkfeier

Auch die Mitglieder des Tiroler Kameradschaftsbundes treffen sich gelegentlich, um der Toten zu gedenken. Neben den kleineren Treffen der Ortsverbände wird jedes Jahr vom Kameradschaftsbund, Ortsgruppe Tristach-Amlach-Lavant, zusammen mit dem Alpinen Verein Alpenraute im August eine Feier auf der Instein-Alm in den Lienzer Dolomiten abgehalten. Dort haben Freiwillige in eigener Anstrengung eine Gedenkstätte für die gefallenen, vermissten und verstorbenen Soldaten beider Weltkriege sowie für die verunglückten Bergsteiger errichtet.

Treibende Kraft bei der Feier war über lange Jahre hinweg Franz Unterluggauer, der Alt-Obmann der Kameradschaft Tristach-Amlach-Lavant. Südtiroler und Kärntner Mitglieder der Soldaten-Kameradschaften finden sich dazu ein. Die Feier soll als Totengedenken auch der Völkerverständigung dienen.

Nach der Messfeier findet eine gemütliche Jause statt, bis schließlich die Teilnehmer nach und nach wieder zur Dolomitenhütte zurückwandern.

Instein-Gedenkfeier 2001: Vertreter des Südtiroler Kriegsopfer- und Frontkämpferverbands, Kameradschaft Leifers

Instein-Gedenkfeier 2001: Gedenkmesse des Tiroler Kameradschaftsbundes, mit Vertretern des österreichischen Bundesheeres

Offizielle Kosakengedenkfeier am Friedhof in der Peggetz, Lienz (2001): Die Kosaken hatten, nach schwerer Verfolgung in der Sowjetunion, im Zweiten Weltkrieg freiwillig auf Seiten der deutschen Wehrmacht im XV. Kosaken-Kavallerie-Korps gekämpft. Auf dem Balkan eingesetzt, zogen sie bei Kriegsende mit Frauen und Kindern Richtung Tirol. In Lienz in der Peggetz hatten sie ihr großes Lager. Obwohl sie sich der britischen Besatzungsmacht im Vertrauen auf deren Versprechen der Nicht-Auslieferung ergeben hatten, wurden von den Briten zunächst die Offiziere, dann auch Frauen und Kinder an die Sowjetunion überstellt. Dabei ereigneten sich kaum beschreibliche Tragödien. Während viele der Männer gleich in Judenburg bei der Übergabe von den Sowjets erschossen wurden, wählten etliche Frauen einen anderen Weg: sie nahmen ihre Kinder und sprangen in Lienz in die Drau, um nicht ausgeliefert zu werden. Andere wurden bei der Räumung des Lagers oder bei Fluchtversuchen getötet. Deutsche Offiziere und Unteroffiziere aus dem Rahmenpersonal begleiteten ihre Kosaken-Kameraden freiwillig in die Gefangenschaft, darunter der Kommandierende General, Generalleutnant v. Pannwitz, der ebenso wie einige Kosakengenerale von den Sowjets nach einem der üblichen „Gerichtsverfahren" hingerichtet wurde. Viele der ausgelieferten Kosaken kamen in sowjetische Gulag-Lager. Überlebende unter den deutschen Kriegsgefangenen gründeten später den Traditionsverband des Kavallerie-Korps und richteten zusammen mit Vertretern der Tiroler Schützen und des Kameradschaftsbundes regelmäßig eine Gedenkfeier in der Peggetz am Kosakenfriedhof und in Tristach am Pannwitz-Denkmal aus.

Kränze am Kosakenfriedhof in der Peggetz

Anmerkungen

Vorwort

1   Freundliche Mitteilung von Albert Kamelger (Niederdorf)
2   Vgl Gruber, Bruneck und das westliche Pustertal im Jahre 1809, S. 6; sowie Thonhauser, Osttirol im Jahre 1809, S. 13
3   Hier sollen nur zwei solcher abgekommenen Bräuche genannt werden: Bei der Ölprozession in Matrei i.O. wurden die hl. Öle in feierlicher Form in die Kirche gebracht. Schon um 1760 hielt der Pfarrer diesen Brauch nicht mehr ein und erhielt von seinen Salzburger Herren eine Rüge. (Vgl Steinringer, Das Prozessionswesen in Osttirol, S. 47) Ein anderer Brauch, der wohl bis vor wenigen Jahrzehnten noch gepflegt wurde, ist das Saurergehen in Thurn. Die Hütbuben trafen sich nachts, um am Feuer zu erzählen. Einer wurde als „Saurer" bestimmt und am nächsten Morgen im Wagen, von Pflanzen bedeckt, durchs Dorf gefahren, wobei die anderen auf Bockshörnern bliesen und einen ironischen Spruch riefen („Saurer, Saurer, pipo, beiß den Saurer zipfo, beiß ihn lei nit gor o, mach ihn lei nit z'blüeten, pumpernigl Hobaköan, der N.N. ist Saurer wöan!"). Doch durfte der „Saurer" nicht erraten werden, weshalb verschiedene Namen genannt wurden. So zogen sie in der Früh von Haus zu Haus und bekamen Speck, Würste und andere Lebensmittel. Immerhin erhielt der „Saurer", dem es an diesem Tag nicht allzu gut ging, letztlich den größten Anteil. (Vgl Dörrer, Tiroler Fasnacht, S. 378 ff.)
4   Oberwalder, Virgen im Nationalpark Hohe Tauern, S. 194
5   Kamelger, Zum Geleit. In: Kamelger (Hrsg.), Niederdorf im Pustertal 994-1994, S. 6

I. Jahresbrauchtum

Ausklang der Weihnachtszeit

1   Vgl Paulin, Die schönsten Tiroler Sagen, S. 125
2   Vgl Iris Schwan für PNP-Online; www.externstein.de/rauhnaechte.htm (25.08.2003)
3   Vgl ebd.
4   Es gibt drei Thomastage: Der erste wird am 28. Jänner begangen (Thomas v. Aquin, mittelalterlicher Philosoph), der zweite früher am 21. Dezember, neuerdings, nämlich seit der kirchlichen Kalenderreform, aber am 3. Juli (Apostel Thomas), der dritte am 29. Dezember (Thomas v. Canterbury).
5   Vgl Wieser, Die Zeit der Sternsinger; OB, 6.1.2000
6   Ebd
7   Ebd
8   Laut Bodini, Ein Gang durchs Jahr, S. 18, wird dieser Brauch in Südtirol auch in der Art ausgeübt, dass beim Räuchern eines der Kinder mit Kreide die Inschrift anbringt oder erneuert. Allerdings ist uns dieser Brauch heute in Osttirol nur in der Art bekannt, dass die Inschrift durch die Sternsinger angebracht wird.
9   Freundliche Mitteilung von Ludwig Berger vlg Islitzer
10   Vgl Mit Maria Lichtmess (2. Feber) endet der Weihnachtszyklus; OB, 23.1.2003

Brauchtum in der Faschings-, Fasten- und Osterzeit

1 Vgl insgesamt zu den Hintergründen: Manfred Becker-Huberti, Närrisches im Fasching, in Fastnacht oder Karneval; www.religioeses-brauchtum.de/fruehjahr/fastnacht_2.html (10.5.2004)
2 Gemeint ist das 19. Jahrhundert.
3 Hofmann, Chronik von St. Veit in Defereggen, S. 97 (St. Veit gehörte im 18. Jh. zu Salzburg)
4 Vgl Kühebacher, Längst vergessene Bräuche und Meinungen im östlichen Pustertal; S. 24
5 Albert Kamelger, Frömmigkeit, Gottesfurcht und geistliches Leben der Niederdorfer, in: Kamelger (Hrsg.): Niederdorf im Pustertal 994-1994, S. 163. Hervorhebungen, Kursiv- und Frakturschrift sind beim Zitieren nicht berücksichtigt.
6 Freundliche Auskunft von Pfarrer Friedrich Wieser (Oberlienz)
7 Vgl Renate Hatzer/Werner Gradnig: Österliches Brauchtum, in: Osttiroler Monatsillustrierte 3/99 (März 1999)
8 Freundliche Mitteilung von Dr. Reinhard Bachmann (Olang)
9 Vgl Richebuono, Südtiroler Volksleben, S. 73 (dort Erwähnung von Enneberg)
10 So die Aussage von Dr. Johanna Holik; siehe Holik, Osttiroler Tradition zu Ostern, in: Osttiroler Bote, 28.3.2002
11 Erste Version nach Oberwalder, Virgen, S. 264 f.
12 Zweite Version vgl Dörrer, Alter und Sinn der Widderprozessionen, in: Waschgler, Heimat Osttirol, S. 93
13 Bodner, Die Opferwidderprozession nach Lavant und Obermauern, in: Oberwalder/Ruggenthaler, Maria Schnee, S. 29
14 Ebd, S. 30
15 Ebd
16 Ebd, S. 31
17 Ebd

Brauchtum in der Sommer- und Herbstzeit

1 Vgl Haider, Tiroler Brauch im Jahreslauf, S. 207
2 Dr. Manfred Becker-Huberti (Köln), Muttertag – ein ambivalenter Feiertag; www.religioeses-brauchtum.de/sommer/muttertag.html (10.5.2004)
3 Vgl ebd
4 Vgl ebd
5 Vgl Huber, Der Kreuzweg von Zotten nach St. Veit in Defereggen, S. 12
6 Vgl Nikolsdorf, Gemeinde (Hrsg.): Nikolsdorf in Osttirol, S. 151 f.
7 Vgl Haider, Tiroler Brauch im Jahreslauf, S. 262; Steiner, Das Brauchtum im Jahreskreis meiner Heimatgemeinde Prägraten a.G., S. 67
8 Vgl Haider, Tiroler Brauch im Jahreslauf, S. 262
9 Vgl Steiner, Das Brauchtum im Jahreskreis meiner Heimatgemeinde Prägraten, S. 70
10 Ebd, S. 72
11 Vgl Becker-Huberti, Das ehemalige Fest der Siebenschläfer als Wetterlostag, www.religioeses-brauchtum.de/sommer/siebenschlaefer.html (10.5.2004)
12 Vgl ebd
13 Vgl ebd

14 Vgl Becker-Huberti, Erntedank – Feier gegen den Machbarkeitswahn; www.religioeses-brauchtum.de/herbst/erntedank.html (10.5.2004)

15 Vgl Becker-Huberti, Von der Einheit der Lebenden mit den Toten; www.religioeses-brauchtum.de/winter/allerheiligen.html (10.5.2004)

16 Vgl ebd

17 Vgl ebd

18 In Gaimberg, oder Nußdorf-Debant z.B. sind sie nicht maskiert. Vgl Karl Idl, Krapfenschnaggeln. Ein alter Volksbrauch, der in Nußdorf-Debant noch gepflegt wird. In: Nußdorf-Debant, Marktgemeinde (Hrsg.): Nußdorf-Debant in Osttirol, S. 246 f. Gaimberg: Freundliche Mitteilung von Bgm. Bartl Klaunzer. In Thurn waren sie mit einer einfachen, aus Karton gefertigten Maske bekleidet, um nicht erkannt zu werden. Freundliche Mitteilung von Raimund Musshauser.

19 Vgl Nußdorf-Debant, Marktgemeinde (Hrsg.): Nußdorf-Debant in Osttirol, S. 247. Bei der „Habergoaß" handelt es sich um ein Schreckgespenst, vom Ziegenbock oder auch vom Ziegenmelker (einem Vogel) abgeleitet. Die „Habergoaß" galt früher als Todesdämon: ihr Schrei kündigte den baldigen Tod eines Bekannten an. Freundliche Mitteilung von Karl Berger.

20 Vgl ebd

21 Vgl ebd

22 Vgl Becker-Huberti, Über 1600 Jahre Verehrung des heiligen Martin von Tours; www.religioeses-brauchtum.de/winter/martin.html (10.5.2004)

23 Vgl ebd

24 Vgl ebd

Brauchtum in der Advents- und Weihnachtszeit

1 Vgl Prasch, Masken und Maskenbrauchtum in Oberkärnten und Osttirol, Buchausgabe, S. 67

2 Vgl ebd, S. 10

3 Vgl Berger, Das Klaubaufgehen in Osttirol, S. 13

4 Flugblatt der Gemeinde Virgen, 24.11.1999, auch abgedruckt bei Berger, Das Klaubaufgehen in Osttirol, Anhang.

5 Vgl Berger, Das Klaubaufgehen in Osttirol, S. 119 f.

6 Kurzthaler, Geschichte – Kunst – Kultur, S. 60

7 Vgl Prasch, Masken und Maskenbrauchtum, Buchausgabe, S. 63

8 Vgl ebd, S. 61

9 Vgl Berger, Das Klaubaufgehen in Osttirol, S. 100 f.

10 Vgl Kühebacher, Zur Geschichte des Nikolausspiels. In: „Das Nikolaus Spielen, wie es vor alten Zeiten aufgeführt wurde …", S. 2. Heft der Theaterwerkstatt Innichen 1992.

11 Freundliche Mitteilung von Karl Berger

12 Vgl Berger, Das Klaubaufgehen in Osttirol, S. 68

13 Vgl ebd, S. 75; ebenso zu der weiteren Beschreibung

14 Laut Berger, ebd, S. 74 ff., ging hieraus auch die Figur des schenkenden Christkinds hervor, ebenso wie der Santa Claus in den USA und sein europäisches Pendant, der Weihnachtsmann.

15 Vgl ebd, S. 79

16 Mitteilungen von Frau Dr. Annemarie Oberhofer (Innichen); ebenso zum Folgenden

17 Vgl Berger, Das Klaubaufgehen in Osttirol, S. 79

18 Vgl ebd, S. 79 f. Berger erwähnt hier Matrei i.O. (damaliger Name: Windisch-Matrey); weiterhin die Masken aus einem alten Nikolausspiel aus dem Virgental, die heute im Germanischen Nationalmuseum in Nürnberg liegen, welches sie 1911 in Bozen erworben hat.

19 Vgl ebd, S. 81

20 Auch in Gsies spielen mehr Figuren als in Innichen mit. In Gais wird hingegen das Spiel oft aufgeführt. In Prettau hat es eine Sonderstellung, denn dort waren Bergknappen, welche von überall her kamen, so dass andere Einflüsse bestimmend wurden.

21 „Als Unterlage diente ihm die Rollenhandschrift eines Militärkameraden aus Prettau. 1936 und 1937 gelangte das Spiel nach dieser Spielvorlage in seinem Heimatort Winnebach zur Aufführung. Es zog sich damals über 2 Stunden hin, er selbst stellte das alte Weib dar." So die Beschreibung in: „Das Nikolaus Spielen, wie es vor alten Zeiten aufgeführt wurde …", S. 3. Heft der Theaterwerkstatt Innichen 1992.

22 Vgl. Prasch, Masken und Maskenbrauchtum in Oberkärnten und Osttirol, Buchausgabe, S. 71.

23 Vgl. Berger, Das Klaubaufgehen in Osttirol, S. 141 f.

24 Steiner, Das Brauchtum im Jahreskreis meiner Heimatgemeinde Prägraten, S. 49 f. (Dort ist dies z.T. etwas anders dargestellt.)

25 Alle Angaben nach ebd, S. 47 f.

26 Vgl Mayr, „Wer klopfet an?" Auf den Spuren eines Adventsbrauches, der heute noch Türen und Herzen öffnet, S. 2

27 Vgl Haider, Tiroler Brauch im Jahreslauf, S. 421

28 Vgl ebd, S. 444

29 Dieses Gedicht wurde uns dankenswerterweise von Imelda Trojer (Außervillgraten) mitgeteilt.

II. Weitere Formen des Brauchtums

1 Einer von ihnen, Kaiser Maximilian II. (1527-1576, römischer König 1562, Kaiser seit 1564), der Sohn und Nachfolger Ferdinands I., soll allerdings insgeheim selbst ein Anhänger des Protestantismus gewesen sein, zumindest sich diesem aber innerlich verbunden gefühlt haben (zu letzterer Behauptung siehe: Klauser, Lexikon deutscher Herrscher und Fürstenhäuser, S. 186). Er versuchte, ausgleichend zwischen den religiösen Strömungen zu wirken. Der spätere „Bruderzwist im Hause Habsburg" zwischen seinen Söhnen Kaiser Rudolf II. und Kaiser Matthias hängt ebenfalls mit dieser Religionsproblematik zusammen und hat neben vielen anderen Ursachen mit dazu beigetragen, dass über das Heilige Römische Reich Deutscher Nation das Unheil des Dreißigjährigen Krieges (1618-1648) hereinbrach, der allerdings nur scheinbar ein Krieg um die richtige Religion war; in Wirklichkeit ging es wie immer um die Machtverhältnisse (sonst hätten sich wohl kaum katholische Franzosen und lutherische Schweden verbündet). Am Ende war das einstmals zumindest im „Abendland" als vorherrschende Macht der Welt empfundene Heilige Römische Reich Deutscher Nation nur noch der Spielball fremder Mächte. Was zu Zeiten der Sachsen- und Salierkaiser niemand geglaubt hätte, was sich aber nach dem Niedergang der Staufer angekündigt hatte und auch in den Zeiten Karls IV., Maximilians I. und gerade Karls V. nicht mehr grundlegend umgekehrt wurde, zeigte nun seine Wirkung: das Reich verfiel. (Karl V. herrschte über ein „Weltreich", in welchem angeblich „die Sonne nie unterging"; doch was blieb am Schluss?) Trotz des späteren kurzzeitigen Wiederaufstiegs des Reiches bzw. der habsburgischen Vormacht im Zeitalter Prinz Eugens (Ende des 17. bzw. Anfang des 18. Jh.) war die Zentralmacht im Grunde mit den Auswirkungen des Westfälischen Friedens (1648) gebrochen. Dass es trotzdem gelang, die Donaumonar-

chie aufzubauen, stellte eine der großen politischen Taten dar. Aber das Heilige Römische Reich Deutscher Nation blieb ein kaum gefestigtes, „monstrumähnliches" Gebilde, wie der Jurist Samuel Pufendorf es nannte; unbeweglich und innerlich zerrissen. Nur im eigenen engeren Bereich konnte auch von den Habsburgern, besonders seit Kaiser Ferdinand II, die Gegenreformation voll durchgesetzt werden – mit allen Konsequenzen.

2   In Tirol hatte sich der Protestantismus zunächst mehr in der Form der Täuferbewegung ausgebreitet, die bald unterdrückt wurde; hier hingen die reformatorischen Strömungen auch stark mit den Bauernkriegen zusammen, die mit dem Tiroler Michael Gaismair ihren bedeutendsten Führer im gesamten Reich gefunden haben. Doch konnte der Katholizismus im Gegensatz zu anderen habsburgischen Ländern (Österreich ob der Enns, Österreich unter der Enns, Steiermark und Kärnten) in Tirol durch den Einsatz von Gewalt die Oberhand behalten. – In Osttirol ist hier natürlich in erster Linie an die spätere Vertreibung der Defereger Protestanten (eigentlich Lutheraner) zu denken (17. und 18. Jh., ab 1666). Das betraf allerdings weniger die den Habsburgern gehörende Grafschaft Tirol (diese nur in St. Jakob i.D.), sondern in der Hauptsache das über viele Jahrhunderte (bis 1805) eigenständige, nur dem Kaiser unterstehende Erzbistum Salzburg, welcher Herrschaft die Orte St. Veit und Hopfgarten des salzburgischen Pfleggerichtes Matrei unterstanden. Die Tiroler Behörden haben jedoch tatkräftig Beihilfe geleistet. Für diesen Akt hat sich vor kurzem die katholische Kirche bei einer offiziellen Feier, die von dem seinerzeitigen Innsbrucker (jetzt Salzburger) Bischof Alois Kothgasser geleitet wurde, entschuldigt.

3   Markovits/Markovits: Auf Wallfahrtswegen in Tirol, S. 87

4   Vgl ebd, S. 90 ff.; außerdem: Mitteilungen von Egon Kühebacher (Innichen), auch für die weiteren Ausführungen.

5   Vgl Sulzenbacher, Der verlobte Kreuzgang der Welsberger nach Enneberg, S. 7 f.

6   Vgl Bodner, Die Opferwidder-Prozession nach Lavant und Obermauern, S. 30 f., in: Oberwalder/Ruggenthaler: Die Kirche zu Unserer Lieben Frau Maria Schnee Obermauern in Virgen. Dort auch das Zitat „Beim Hinuntergehen …".

7   Ebd, S. 31

8   Freundliche Mitteilung von Albert Kamelger (Niederdorf)

9   Vgl Richebuono, Südtiroler Volksleben, S. 73

10 Die Informationen über die Tänze erhielten wir von Hilda Außerlechner.

11 Wir danken Imelda Trojer für die freundliche Genehmigung zum Abdruck.

12 Die genaue Schilderung verdanken wir Hilda Außerlechner.

13 Johann Kahn, Heuziehen in Gsies (Leserbrief), in: Osttiroler Bote, 1.2.2001

14 Vgl Tiroler Jägerverband, Der Tiroler Jungjäger, S. 103

15 Vgl ebd

16 Vgl ebd

17 Vgl ebd, S. 108

18 Vgl Helene Stragenegg, Handel und Gewerbe, in: Kamelger, Niederdorf im Pustertal 994-1994, S. 304

19 Ebd, S. 304 f.

20 Diese Informationen verdanken wir Michael Korunka (Matrei i.O.).

21 Kühebacher, Längst vergessene Bräuche und Meinungen im östlichen Pustertal, S. 25 (Kursivschrift hier nicht berücksichtigt)

22 Zu den Daten vgl Pizzinini, Osttirol. Der Bezirk Lienz, S. 231 ff.

23 Vgl Brunner (Hrsg): Der Felbertauern und das Matreier Tauernhaus, S. 9 ff.

24 Vgl ebd, S. 11

25 Vgl ebd, S. 57 ff.

26 Ebd, S. 67

27 Ebd, S. 10

III. Brauchtum im Lebenslauf des Einzelnen

1 „Die Prädinger" (Amtliche Mitteilungen der Gemeinde Prägraten), Hochzeitsbräuche in Prägraten, S. 27
2 Ebd
3 Ebd
4 Vgl Haider, Tiroler Brauch im Jahreslauf, S. 101
5 Abgedruckt mit freundlicher Genehmigung von Hilda Außerlechner
6 Mitteilung von Dr. Reinhard Bachmann (Olang)
7 Abkürzung für „Ordo Fratrum Minorum", auf Deutsch „Orden der minderen Brüder", eine Bezeichnung, die der heilige Franziskus v. Assisi für seinen Bettelorden selbst geprägt hatte.
8 Informationen aus eigenem Erleben sowie aus: Gabriel Ortner, P. Oliver Ruggenthaler einziger Neupriester Tirols; OB, 13.7.2000
9 Informationen aus eigenem Erleben

IV. Militärisches Brauchtum und Tiroler Schützentradition

1 Die Sache liegt allerdings noch komplizierter und kann nur angedeutet werden. Zeitweilig haben Teile des heutigen Osttirol nach der bajuwarischen Landnahme zum Herzogtum Karanthanien (dem späteren Kärnten) gehört. Trotzdem hat sich auch in Osttirol der Tiroler Dialekt herausgebildet. Dieser ist wie das Kärntnerische ein südbairischer Dialekt, wobei Tirol recht unterschiedliche Mundarten aufweist (im Außerfern starke alemannische Prägung, im Oberen Gericht, also der Landecker Gegend, und im Vinschgau noch rätoromanische Einflüsse). Lediglich in einem kleinen Gebiet um Kufstein wird wie in Oberbayern ein mittelbairischer Dialekt gesprochen. – Während in Matrei i.O. ein salzburgischer Einfluss aus langer geschichtlicher Zugehörigkeit zu Salzburg erklärt werden kann, ist im Gebiet des Lienzer Talbodens der kärntnerische Einfluss spürbar. Als Grenze zwischen dem Tiroler und dem Kärntner Dialekt wird aber Steinfeld im Kärntner Drautal angegeben, wie man auch im Kärntner Lesachtal noch Tiroler Dialekt spricht.
2 Bis heute ist das Tiroler Landesarchiv in Innsbruck ein wichtiges Archiv für die elsässische Landesgeschichte, da viele Akten aus dem Elsass der damaligen Zeit, wie auch Archivalien aus anderen Gebieten, hier in einer Art Zentralarchiv des Alpenraums gelagert sind.
3 Vgl Lichem, Spielhahnstoß und Edelweiß, S. 14 ff.
4 Der römisch-deutsche Kaiser Franz II. hatte 1804 den Titel eines Kaisers von Österreich angenommen; als solcher nannte er sich Franz I., war jedoch zunächst noch Kaiser des Heiligen Römischen Reiches Deutscher Nation. Das im Jahr 800 durch das fränkisch-christliche Kaisertum erneuerte „Römische Reich" (als solches wurde es von den Päpsten gesehen, offiziell dann auch seitens der politischen Führung ab dem Jahr 982 unter Kaiser Otto II., während die Namenszusätze „Heiliges" und „Deutscher Nation" erst später hinzukamen), wurde schließlich 1806 endgültig aufgelöst, nachdem es von Napoleon und verschiedenen Reichsfürsten schon in den Jahren zuvor den finalen Todesstoß erhalten hatte. Handlungsfähig war es schon lange nicht mehr gewesen.
5 Vgl Thonhauser, Osttirol im Jahre 1809, S. 52, 59 ff.
6 Hauger wurde später Offizier bei den Kaiserjägern, fiel aber bald in Ungnade, weil er es einige Jahre nach dem Ende der Freiheitskriege wagte, zusammen mit anderen Offizieren der Kaiserjäger den Leichnam Andreas Hofers auszugraben, um ihn nach Innsbruck zu

bringen. Das gefiel Kaiser Franz I. (II.) gar nicht, denn mit der Rebellion der Tiroler mochte er sich möglichst nicht mehr befassen, vermutlich auch deshalb, weil er ein schlechtes Gewissen hatte. Trotzdem veranstaltete man in Tirol im Jahre 1823 bei Ankunft des Leichnams eine große Feier, und der Kaiser sah sich gezwungen, nachdem er Hofer eigentlich nicht besonders hatte würdigen wollen, nun eine edle Geste zu setzen. Daher ließ er für Hofer das Grabmal in der Hofkirche zu Innsbruck errichten. – Hauger und die anderen Kaiserjäger-Offiziere konnten allerdings keine größere militärische Karriere mehr machen. Hauger selbst war seit 1831 Gefangenenhausbeamter in Wien, wo er 1850 starb. (Vgl Harb/ Hölzl/Stöger, Tirol – Texte und Bilder zur Landesgeschichte, S. 198)

7   Vgl Mattersberger, G'schichten aus den Hoangaschtstuben, S. 125 ff., 138 f.

8   Vgl ebd, S. 126 ff., 141 ff. Dort heißt es in einer Betrachtung über die Niederwerfung des Aufstands und die nun umgeschlagene Stimmung in der Bevölkerung sehr zutreffend: „(…) So gingen die Freiheitskämpfer von 1809 dahin und wussten nicht, dass einmal der Tag kommen würde, wo im ganzen Land Tirol Denkmäler gesetzt werden, um ihre Taten als Landesverteidiger zu würdigen. Arm und verlassen sind sie gestorben, und nun bekamen sie ihre Ehre zurück, durch die vielen Denkmäler." (Ebd, S. 143) Tatsächlich wollte in Tirol nach der Niederlage von 1809 möglichst niemand mehr an den Aufstand erinnert werden. Und diese Stimmung hielt sich im Großen und Ganzen über Jahrzehnte! Erst später setzte die Verklärung ein, die andernorts in deutschen Landen längst um sich gegriffen hatte.

9   In Bayern oder Sachsen wird man freilich nicht viel Mitgefühl gegenüber Hofer und den Tirolern, diesen „gefährlichen Insurgenten", gehabt haben, war man doch bis 1813 fest mit Napoleon verbündet. Ganz anders in Preußen: Hier zeigten sich viele Menschen durch das Vorbild der Tiroler tief beeindruckt; die Durchführung der allgemeinen Wehrpflicht, die Aufstellung von Landwehr und Landsturm wurden dadurch gefördert – wichtige Voraussetzungen der Siege von 1813 bis 1815. Besonders die preußische Königin Luise bewunderte Andreas Hofer, den einfachen Mann aus dem Bauernstand.

10 Früher: letztes Aufgebot, zum Teil nur mit Sensen und Dreschflegeln bewaffnet, inzwischen aber reguläre Truppe.

11 Früher: eigentliche Miliz, nunmehr auch letztes Aufgebot aus nicht zum Wehrdienst Eingezogenen (weil sie in vielen Fällen entweder zu jung oder zu alt waren)

12 Vgl Golowitsch, „Und kommt der Feind ins Land herein …", S. 14 ff., 28 ff.; Lichem, Der einsame Krieg, S. 36

13 Vgl Lichem, Der einsame Krieg, S. 32

14 So berichtet es Anton v. Mörl, Standschützen verteidigen Tirol 1915-1918, S. 15

15 Dies geschah „eher zufällig und ohne mythologischen Hauch", lediglich als Geschenk der Tiroler, um eine gewisse Zusammengehörigkeit zu symbolisieren. (Vgl Hebert, Das Alpenkorps, S. 34) Die groteske Geschichte um die offizielle „Trageerlaubnis" hat Hebert recht genau rekonstruiert. (Vgl ebd, S. 34 ff.) Doch wirkte das Edelweiß sofort traditionsbildend.

16 Vgl Schaumann/Schubert, Isonzo 1915-1917, S. 209 ff.; Schaumann/Schubert, Süd-West-Front, S. 38 ff.; auch Bossi-Fedrigotti, Kaiserjäger – Ruhm und Ende, S. 394 ff.

17 Zunächst wurden 1870 10 Landesschützen-Bataillone aufgestellt, 1893 fasste man diese zu 3 Regimentern zusammen. 1901 musste das III. Regiment aufgelöst werden, doch 1909 wurde es neu aufgestellt. 1906 wurden die Landesschützen zur spezialisierten Hochgebirgstruppe umgebildet.

18 Seit 1895 waren es vier Regimenter, die aus einem übergroßen „Regiment" hervorgingen.

19 Manche Teile, die das nicht mitmachen wollten und insbesondere eine Uniformierung ablehnten, gründeten den so genannten „Landsturm", nun im Sinne von Traditionseinheiten, die Tracht bzw. altes Gewand trugen.

20 LH Wallnöfer sah sich als Gesamttiroler Landeshauptmann, einschließlich Südtirol. Für ihn war der Landeshauptmann von Südtirol nur der „Chef der Südtiroler Landesregierung" (so eine interne Überlieferung).

21 Das erhofft sich auch Dr. Egon Kühebacher (Innichen), der bekannte Sprachwissenschaftler und Historiker.

22 Laut Auskunft des Verteidigungsministeriums ist die Überlieferungspflege für das 3. und das 4. Regiment der Kaiserjäger dem Jägerbataillon 23 zugewiesen, während der Traditionsträger des 1.-3. Regiments der Tiroler Landesschützen-Kaiserschützen das Stabsbataillon 6 der 6. Jägerbrigade ist. (Freundliche Mitteilung des österreichischen Bundesministeriums für Landesverteidigung.)

23 Detaillierte Darstellung bei Schemfil, Col di Lana, S. 207 ff.

Anhang 1
Ehejubiläen im Volksmund

Baumwollene Hochzeit: nach dem 1. Ehejahr
Lederne Hochzeit: nach 3 Ehejahren
Hölzerne Hochzeit: nach 5 Ehejahren
Zinnerne Hochzeit: nach 6,5 Ehejahren
Kupferne Hochzeit: nach 7 Ehejahren
Blecherne Hochzeit: nach 8 Ehejahren
Rosenhochzeit: nach 10 Ehejahren
Nickel- oder Petersilienhochzeit: nach 12,5 Ehejahren
Gläserne Hochzeit: nach 15 Ehejahren
Porzellanhochzeit: nach 20 Ehejahren
Silberne Hochzeit: nach 25 Ehejahren
Perlenhochzeit: nach 30 Ehejahren
Leinwandhochzeit: nach 35 Ehejahren
Aluminiumhochzeit: nach 37,5 Ehejahren
Rubinhochzeit: nach 40 Ehejahren
Goldene Hochzeit: nach 50 Ehejahren
Diamantene Hochzeit: nach 60 Ehejahren
Eiserne Hochzeit: nach 65 Ehejahren
Steinerne Hochzeit: nach 67,5 Ehejahren
Gnadenhochzeit: nach 70 Ehejahren
Kronjuwelenhochzeit: nach 75 Ehejahren

Anhang 2
Stille Nacht (alle sechs Strophen)

1) Stille Nacht, heilige Nacht!
Alles schläft, einsam wacht
Nur das traute heilige Paar.
Holder Knabe im lockigen Haar,
Schlafe in himmlischer Ruh,
Schlafe in himmlischer Ruh!

2) Stille Nacht, heilige Nacht!
Gottes Sohn! O wie lacht
Lieb' aus deinem göttlichen Mund.
Da uns schlägt die rettende Stund'.
Jesus in deiner Geburt!
Jesus in deiner Geburt!

3) Stille Nacht! Heilige Nacht!
Die der Welt Heil gebracht.
Aus des Himmels goldenen Höhn
Uns der Gnaden Fülle lässt seh'n
Jesum in Menschengestalt,
Jesum in Menschengestalt.

4) Stille Nacht, heilige Nacht!
Wo sich heut alle Macht
Väterlicher Liebe ergoss
Und als Bruder huldvoll umschloss
Jesus die Völker der Welt.
Jesus die Völker der Welt.

5) Stille Nacht! Heilige Nacht!
Lange schon uns bedacht,
Als der Herr vom Grimme befreit
In der Väter urgrauer Zeit
Aller Welt Schonung verhieß.
Aller Welt Schonung verhieß.

6) Stille Nacht! Heilige Nacht!
Hirten erst kundgemacht
Durch der Engel Alleluja,
Tönt es laut bei Ferne und Nah
Jesus der Retter ist da!
Jesus der Retter ist da!

Text: Joseph Mohr 1816 bzw. 1818
Melodie (Komposition): Franz Xaver Gruber 1818

Wahrscheinlich bereits 1816 von Joseph Mohr in Form eines Gedichtes ge-schrieben, als er in Mariapfarr (Lungau, Salzburger Land) als Kooperator weilte; 1818 umgeschrieben zum Weihnachtslied; erstmals 1818 aufgeführt in Oberndorf (Flachgau, Salzburger Land); Text nach: „Neue Kronen-Zei-tung" (6.12.2003) sowie www.stillenacht.at/de/text_und_musik.asp

Anhang 3
Tiroler Landeshymne: Andreas-Hofer-Lied ("Zu Mantua in Banden")

1) Zu Mantua in Banden
der treue Hofer war,
in Mantua zum Tode
führt ihn der Feinde Schar.
Es blutete der Brüder Herz,
ganz Deutschland, ach, in Schmach und Schmerz,
mit ihm das Land Tirol.

2) Die Hände auf dem Rücken
der Sandwirt Hofer ging
mit ruhig festen Schritten,
ihm schien der Tod gering.
Der Tod, den er so manches Mal
vom Iselberg geschickt ins Tal,
im heil'gen Land Tirol.

3) Doch als aus Kerkergittern
im festen Mantua
die treuen Waffenbrüder
die Händ' er strecken sah,
da rief er laut: "Gott sei mit euch,
mit dem verrat'nen Deutschen Reich
und mit dem Land Tirol!"

4) Dem Tambour will der Wirbel
nicht unterm Schlägel vor,
als nun der Sandwirt Hofer
schritt durch das finstre Tor.
Der Sandwirt, noch in Banden frei,
dort stand er fest auf der Bastei,
der Mann vom Land Tirol.

5) Dort soll er niederknien;
er sprach: „Das tu ich nit!
Will sterben, wie ich stehe,
will sterben, wie ich stritt,
so wie ich steh' auf dieser Schanz',
es leb' mein guter Kaiser Franz,
mit ihm sein Land Tirol!"

6) Und von der Hand die Binde
nimmt ihm der Korporal,
und Sandwirt Hofer betet
allhier zum letzten Mal;
dann ruft er: „Nun, so trefft mich recht!
Gebt Feuer! Ach, wie schießt ihr schlecht!
Ade, mein Land Tirol."

Text: Julius Mosen (1831)
Musik: Leopold Knebelsberger (1846)

Das Andreas-Hofer-Lied wurde mit Gesetz des Tiroler Landtages vom 2. Juni 1948 zur Tiroler Landeshymne erhoben.

Musikkapelle Assling, 1911

Musikkapelle Assling, 1978

Die „Taistner Böhmische" (Gemeinde Taisten-Welsberg) musizierte beim Gesamt-Tiroler Almtag 2002 in St. Jakob in Defereggen für die zahlreichen Zuhörer; unter diesen waren Politiker wie der Südtiroler Landeshauptmann Luis Durnwalder, der Vizepräsident des Nordtiroler Landtages, Bauernbundobmann Anton Steixner, und der Obmann des Südtiroler Bauernbundes, Georg Mayr.

Anhang 4
Herz-Jesu-Lied

1. Auf zum Schwur, *Tiroler Land*, heb zum Himmel Herz und Hand! Was die Väter einst gelobt, da der Kriegssturm sie umtobt, das geloben wir aufs neue, Jesu Herz, dir ewge Treue!

Das geloben wir aufs neue, Jesu Herz, dir ewge Treue!

2. Wundermächtig immerfort, / warst du deines Volkes Hort, / stets in Not und Kriegsgefahr, / schirmtest du *den roten Aar*. |: Drum geloben wir aufs neue, / Jesu Herz, dir ewge Treue! :|

3. Fest und stark zu unserm Gott / stehen wir trotz Hohn und Spott, / fest am Glauben halten wir, / unsres Landes schönster Zier. / Drum geloben ...

4. Auf dem weiten Erdenrund / gibt es keinen schönern Bund. / Lästern uns die Feinde auch, / Treue ist *Tiroler Brauch*. / Drum geloben ...

Text: Josef Seeber (1896)

Musik: Ignaz Mittereer (1896)

Öbersta Manda (St. Johann im Walde)
v. li. n. re.: Lois (1. Tenor), Sebastian (2. Tenor), Hansl (1. Bass), Sepp (2. Bass).

Musikkapelle Anras,
Marketenderin

Musikkapelle Ainet, 1929

Quellen- und Literaturverzeichnis

Mündliche und schriftliche Auskünfte von Ansprechpartnern (oft Ortschronisten) als Gesamtüberblick über das Brauchtum in einzelnen Gemeinden (auch Auskünfte zu Fotos)

Kaspar und Josefa Auer (Untertilliach)
Hilda Außerlechner (Kartitsch)
Dr. Reinhard Bachmann (Olang)
Ludwig Berger (Hinterbichl/Prägraten am Großvenediger)
Mag. Manfred Breschan (Matrei i.O.)
Alois Feldner (Virgen)
Alois Gomig (Ainet)
Rudolf Holzer (Sexten)
Mag. Michael Huber (St. Veit i.D.)
Dr. Albert Kamelger (Niederdorf)
Bgm. Bartl Klaunzer (Gaimberg)
Dr. Egon Kühebacher (Innichen)
Barbara Lusser (Innervillgraten)
Alois Mühlmann (Innervillgraten)
Raimund Mußhauser (Thurn)
Brigitte Pedarnig (Oberlienz)
Josef Rauter (Sillian)
Karl Schett (Strassen)
OSR Andreas Schneider (Abfaltersbach)
Ottilie Stemberger (St. Veit i.D.)
Imelda Trojer (Außervillgraten)

Weitere Auskünfte zu einzelnen Fragen, Fotos, Büchern usw (auch z.T. selbst Fotografen oder Fotobesitzer)

Erich und Johann Aigner (Abfaltersbach)
Magda Bacher (Virgen)
Adolf Berger (Prägraten am Großvenediger)
Mag. Karl C. Berger (Flirsch, Matrei i.O.)
Petra und Peter Berger (Virgen)

Regina Berger (Virgen)
Walter Berger (Virgen)
Reinhard Bodner (Virgen, Innsbruck)
Irma Defregger (Virgen)
Jürgen Droste (Bochum)
Silvia Ebner (Lienz)
Klaus Fritzer (Nußdorf-Debant)
Albert Fuchs (Assling)
Pater Maximilian (Josef) Fuetsch (Enns, früher Virgen)
Monika Gasser (Virgen)
Klaus Geiler (Heinfels)
Anton Goller (Kartitsch)
Peter Gruber (Kals am Großglockner)
Gertrud Hatzer (Virgen)
Dr. Robert Hatzer (Lienz)
Diakon Josef Hatzer (Lienz, früher Prägraten a.G.)
Andreas Hauser (Virgen)
Rudi Hörmann (Winnebach/Innichen)
Hannes Hofer (Tristach)
Anna Holzer, Gasthof Strumerhof (Matrei i.O.)
Hauptschuldirektor Franz Holzer (Virgen)
Gottfried Islitzer (Bobojach/Prägraten a.G.)
Mag. Lois Joas (Vierschach/Innichen)
Fritz Joast (Virgen)
Vizeleutnant Gottfried Kalser (Lienz)
Sara Klaunzer-Sporer (Oberlienz)
Foto Klose (Innichen)
Familie Gottlieb Kratzer (Hinterbichl/Prägraten a.G.)
Bgm. Johann Kratzer (Bobojach/Prägraten a.G.)
Mag. Martin Kurzthaler (Matrei i.O.)
Michael Lang (Virgen)
Theresia und Franz Lang (Obermauern/Virgen)
Theresia und Andreas Mair (Obermauern/Virgen)
Familie Mariacher „Außermarcher" (Welzelach/Virgen)
Familie Mariacher, Gasthof Linder (Bobojach/Prägraten a.G.)
René Mattersberger (Matrei i.O.)
Petra Mitteregger (Sillian)
Alfons Monitzer (Leisach)
Josef Moser (Kartitsch)

Franz Neumayr (Mittersill)

Dr. Annemarie Oberhofer (Innichen)

Irmgard Oberwalder (Mitteldorf/Virgen, Kals am Großglockner)

Prof. Mag. Louis Oberwalder (Mils bei Hall, Virgen)

Hansl Oblasser (St. Johann im Walde)

Sepp Oblasser (St. Johann im Walde)

Pfarrer Ulrich Obrist (Virgen)

Gabriel Ortner (Oberlienz)

Stefan Ortner, Kopiergeschäft (Ainet)

Iris Pargger (Virgen)

OSR Otfried Pawlin (Virgen)

Dr. Claudia Plaikner (Olang)

Mag. Josef Ploner (Innsbruck, Virgen)

Margaretha Ploner (Mitteldorf/Virgen)

Sepp Ploner (Hopfgarten i.D.)

Karl Pospesch senior (Lienz)

Silvia Putzhuber (Ainet)

Familie Pörnbacher, Gasthof Bad Bergfall (Geiselsberg/Olang)

Cilli Raffler (Niedermauern/Virgen)

Univ.-Prof. Dr. Johann Rainer (Innsbruck, Rom)

Helmut Rotschopf (Virgen)

Bgm. Ing. Dietmar Ruggenthaler (Virgen)

Pater Oliver Ruggenthaler (Schwaz, früher Virgen)

Schützenhauptmann Valentin Sottsass (Olang)

Ingrid Steiner (Virgen)

Familie Steurer, Gasthof Neunhäusern (Rasen)

Rudolf Stratmann (Bochum)

Oberstleutnant Josef Tabernig (Kühtai, früher Lavant)

Konrad Tinkhauser (Taisten)

Helmut Titz (Niederdorf)

Otto Trauner (Sillian)

Antonia Vogel (St. Johann im Walde)

DDr. Franz Watschinger (Innsbruck)

Konrad Webhofer (Sillian)

Cornelia Weiler (Anras)

Alois Weiskopf (Hinterbichl/Prägraten a.G.)

Cilli Weiskopf (Virgen)

Johann Weißkopf (Prägraten a.G.)

Eleonore Wibmer (St. Johann im Walde)

Elfriede Wibmer (St. Johann im Walde)
Rita Wibmer (St. Johann im Walde)
Pfarrer Friedrich Wieser (Oberlienz)
Dr. Heinz Wieser (Innsbruck)
Franz Wurnitsch (Obermauern/Virgen)
Christina Wurzacher (Prägraten a. G.)

Landjugend Ainet
Landjugend Virgen

(Falls wir Auskunftspersonen vergessen haben sollten, bitten wir um Entschuldigung.)

Literaturverzeichnis (Zeitungs- und Zeitschriftenartikel sowie Internet-Seiten sind nicht aufgeführt.)

Berger, Karl Christoph: Das Klaubaufgehen in Osttirol. Volkskundliche Untersuchungen zum Wandel eines Brauchs. DiplArb phil, Leopold Franzens Universität, Innsbruck 2000

Bockhorn, Olaf: Opferwidder und Widderopfer. Widderprozessionen und Widderversteigerungen in Osttirol und Oberkärnten. In: Veröffentlichungen des Instituts für Volkskunde der Universität Wien. Bd. 9. Wien 1982

Bodini, Gianni: Ein Gang durchs Jahr. Riten und Brauchtum im alten Tirol. Meran 1992

Bossi-Fedrigotti, Anton, Graf: Kaiserjäger – Ruhm und Ende. Nach dem Kriegstagebuch des Oberst v. Cordier. Graz Stuttgart 1977

Broidl, Erich: Eine kleine Geschichte der Blasmusik. In: Tiroler Bauernkalender 2003, S. 215 -221

Brugger, Otto (Hrsg.): Der Felbertauern und das Matreier Tauernhaus. Die „Gastschwaig unterm Tauern". Zusammengestellt von Rainer Pollack, unter Mitarbeit von Otto Brugger, Tauernwirt, und Alexander Brugger. Hausach/Matrei i.O. 1991

Dernier, Michaela: In der Nähe das Fremde. Bilder aus Bannberg. Fotografien und Texte von Michaela Dernier. Mit einem Nachwort von Timm Starl. Herausgeber: Rupert Larl. Innsbruck 1996

Dissertori, Alois: Die Auswanderung der Deferegger Protestanten 1666-1725. 2., ergänzte Auflage, Innsbruck 2001 (= Schlern-Schriften; Bd. 235)

Dörrer, Anton: Tiroler Fasnacht. Innerhalb der alpenländischen Winter- und Vorfrühlingsbräuche. Wien 1949 (= Österreichische Volkskultur – Forschungen zur Volkskunde; Bd. 5)

Draxl, Anton: Villgraten. Heimat in den Tiroler Bergen. Mit Beiträgen von Hermann Handel-Mazetti, Johannes E. Trojer, Hermann Wopfner. Herausgegeben vom Villgrater Heimatpflegeverein. Innervillgraten 1998

„Echo" (Zeitschrift, Innsbruck): Echo Spezial Nr. 7 (24.9.2003): Krieg in den Alpen. Der 1. Weltkrieg. Wie Tirol geteilt wurde.

Eder, Maria/Anna Holzer: Kals am Großglockner – Lebensbilder. Kals a.G. 1994

Forcher, Michael: Tirols Geschichte in Wort und Bild. Innsbruck 1984

Forcher, Michael (Redaktion): Heilige Gräber in Tirol. Ein Osterbrauch in Kulturgeschichte und Liturgie. Mit Vorwort von Bischof Reinhold Stecher. Innsbruck 1987

Forcher, Michael (Redaktion): Matrei in Osttirol. Ein Gemeindebuch zum 700-Jahr-Jubiläum der ersten Erwähnung als Markt 1280-1980. Überarbeitete und erweiterte Neuauflage, Matrei in Osttirol 1996

Golowitsch, Helmut: „Und kommt der Feind ins Land herein …". Schützen verteidigen Tirol und Kärnten. Standschützen und Freiwillige Schützen 1915-1918. Nürnberg 1985 (= Schriftenreihe zur Zeitgeschichte Tirols; Bd. 6)

Gruber, Max: Bruneck und das westliche Pustertal im Jahre 1809. Innsbruck 1952 (= Schlern-Schriften; Bd. 86)

Haider, Friedrich: Tiroler Brauch im Jahreslauf. 3., neubearbeitete Auflage, Innsbruck Wien Bozen 1990

Harb, Rudolf/Sebastian Hölzl/Peter Stöger: Tirol – Texte und Bilder zur Landesgeschichte. Innsbruck 1982

Hebert, Günther: Das Alpenkorps. Aufbau, Organisation und Einsatz einer Gebirgstruppe im Ersten Weltkrieg. Boppard am Rhein 1988 (= Wehrwissenschaftliche Forschungen: Abteilung militärgeschichtliche Studien; Bd. 33) – Zugl.: München, Univ., Diss, 1983

Hölzl, Norbert: 1000 Jahre Tirol. Geschichte scharf gewürzt. 3. Auflage, Reith im Alpbachtal 2000

Hofmann, Matthias: Chronik von St. Veit in Defereggen. Von den Anfängen bis zum Jahre 1889. Hrsg. von Max Hafele und Michael Huber. St. Veit i.D. 1997

Huber, Michael: Der Kreuzweg von Zotten nach St. Veit in Defereggen. Hrsg.: Kulturreferat der Gemeinde St. Veit. St. Veit i.D. 2000

Huber, Michael/Johannes Pöll: Die Pfarrkirche zum Heiligen Vitus in St. Veit in Defereggen. Hrsg.: Heimat Defereggen – Gesellschaft für Kultur und Wirtschaft. St. Veit i.D. 2002

Huter, Franz: Ein Kaiserjägerbuch. I. Teil: Die Kaiserjäger und ihre Waffentaten 1816-1918. Erster Neudruck, Innsbruck 1988

Innerhofer, Herbert Theobald/Josef Harrasser/Reinhard Bachmann: Olang. Eine Gemeinde im Wandel der Zeiten. Hrsg. im Auftrag der Gemeindeverwaltung Olang. Olang 1984

Innervillgraten, Gemeinde (Hrsg.): 1267-1967 Innervillgraten. Festschrift. Für den Inhalt verantwortlich: Johann E. Trojer. Innervillgraten 1967

Kamelger, Albert (Hrsg): Niederdorf im Pustertal 994-1994. Tausend Jahre Geschichte. Niederdorf 1994

Katholischer Tiroler Lehrerverein (Hrsg): Bezirkskunde Osttirol. (Schriftleitung: Bezirksschulrat Lienz) Innsbruck Bozen 2001

Klauser, Heinrich: Lexikon deutscher Herrscher und Fürstenhäuser. Frankfurt am Main Berlin 1995

Klier, Heinrich: Südtirol. Gestalt und Schicksal. Salzburg Stuttgart 1958

Köfler, Werner: Die Kämpfe am Bergisel 1809. Hrsg.: Heeresgeschichtliches Museum (Militärhistorisches Institut). Dritte, unveränderte Auflage, Wien 1996 (= Militärhistorische Schriftenreihe; Heft 20)

Köll, Theresia: Gschichten und Erzählungen aus den Hohen Tauern. Zweite Auflage, Matrei i.O. 1994

Köll, Theresia: Heiteres aus dem hinteren Iseltal. Matrei i.O. 2000

Kofler, Martin: Osttirol im Dritten Reich 1938-1945. Innsbruck Wien 1996, 2. Auflage 2003

Krafft von Dellmensingen, Konrad: Der Durchbruch am Isonzo. Teil I: Die Schlacht von Tolmein und Flitsch (24. bis 27. Oktober 1917). Oldenburg i.O. Berlin 1926 (= Schlachten des Weltkrieges; Bd. 12a)

Krafft von Dellmensingen, Konrad: Der Durchbruch am Isonzo. Teil II: Verfolgung über den Tagliamento bis zum Piave. Oldenburg i.O. Berlin 1926 (= Schlachten des Weltkrieges; Bd. 12b)

Kramer, Hans (Hrsg.): Die Gefallenen Tirols 1796-1813. Mit Einleitung des Herausgebers. Innsbruck 1940 (= Schlern-Schriften; Bd. 47)

Kramer, Hans: Andreas Hofer. 18. Auflage, Brixen 1994 (= An der Etsch und im Gebirge; Bd. IX)

Kröll, Heinz/Gert Stemberger: Defereggen – Eine Landschaft in Tirol. Gesehen von Heinz Kröll. Beschrieben von Gert Stemberger. Mit einem Beitrag von Maria Hornung. Wien 1985

Kühebacher, Egon: Die Hofmark Innichen und ihr Schützenwesen. Herausgegeben von der Schützenkompanie Hofmark Innichen im Jahre ihrer Gründung. Innichen 1998

Kühebacher, Egon: Kunst- und Kulturlandschaft des Gemeindegebietes von Innichen. Ein Kurzführer. Herausgegeben vom Tourismusverein Innichen. Dritte Auflage, Innichen 2003

Kühebacher, Egon: Längst vergessene Bräuche und Meinungen im östlichen Pustertal. In: Der Schlern 78 (2004), 6. Heft, S. 23 ff.

Kurzthaler, Siegmund: Geschichte – Kunst – Kultur. Begegnungen in der Nationalparkregion Hohe Tauern. Innsbruck 1997

Langes, Gunther: Die Front in Fels und Eis. Der Weltkrieg 1914-1918 im Hochgebirge. Mit einer Übersicht über den heutigen Zustand des ehemaligen Frontgebietes von Oberstleutnant Walter Schaumann, Vorworten von Josef Rampold (1972) und Generaloberst Graf Viktor Dankl v. Krasnik (1936) sowie einer Einleitung zur ersten Auflage von General d. Artillerie a.D. Konrad Krafft v. Dellmensingen (1932). Sechste, überarbeitete und ergänzte Auflage, Bozen 1977

Lanthaler, Stefan: „Glori in excelsis". Krippeleschauen in Tirol. Weihnachts- und Fastenkrippen. Fulpmes 1997

Lechthaler, Alois: Geschichte Tirols. (Revision der 4. Auflage: Adolf Eller.) 4. Auflage, Innsbruck Wien München 1981

Leeb, Rudolf: Die Ausweisung der evangelischen Deferegger im Jahre 1684. Die Entstehung des Geheimprotestantismus in Tirol und Salzburg. In: Reimmichls Volkskalender 82 (2003), S. 104-119

Lichem, Heinz v.: Spielhahnstoß und Edelweiß. Die Friedens- und Kriegsgeschichte der Tiroler Hochgebirgtruppe „Die Kaiserschützen" von ihren Anfängen bis 1918: K.k. Tiroler Landesschützen-Kaiserschützen-Regimenter Nr. I – Nr. II – Nr. III. Graz Stuttgart 1977

Lichem, Heinz v.: Gebirgskrieg 1915-1918. 3 Bände. Bozen 1980, 1981, 1982. (Band 1: Ortler – Adamello – Gardasee; Band 2: Die Dolomitenfront von Trient bis zum Kreuzbergsattel; Band 3: Karnische und Julische Alpen – Monte Grappa – Piave – Isonzo)

Lichem, Heinz v.: Der einsame Krieg. Erste Gesamtdokumentation des Gebirgskrieges 1915- 1918 von den Julischen Alpen bis zum Stilfser Joch. Zweite, erweiterte Auflage, Bozen 1981

Mangold, Guido/Hans Grießmair: Brauchtum in Südtirol. Bozen 2000

Markovits, Klaus/Martina Markovits: Auf Wallfahrtswegen in Tirol. Band 4: Wanderungen in Osttirol. Innsbruck Wien 2000

Mattersberger, Sylvia: G'schichten aus den Hoangaschtstuben. Erzählungen aus alten Zeiten von Florian Mattersberger. Matrei in Osttirol o.J.

Mayr, Anton: „Wer klopfet an?" Auf den Spuren eines Adventsbrauches, der heute noch Türen und Herzen öffnet. Manuskript

Mehling, Marianne (Hrsg.): Knaurs Kulturführer in Farbe: Südtirol. Lizenz-ausgabe. Augsburg 1998

Mitterhofer, Sepp/Günther Obwegs (Hrsg): „… Es blieb kein anderer Weg …". Zeitzeugenberichte und Dokumente aus dem Südtiroler Freiheits-kampf. 2., überarbeitete Auflage, o.O. 2000

Mörl, Anton (v.): Tirol und seine Standschützen. In: Landesverband der Ti-roler Blasmusikkapellen (Hrsg.): 1915-1955 Standschützengedenkfeier. Broschüre zum Festprogramm. Innsbruck 1955

Mörl, Anton v.: Standschützen verteidigen Tirol 1915-1918. Innsbruck 1958 (= Schlern-Schriften; Bd. 185)

Nikolsdorf in Osttirol, Gemeinde (Hrsg.): Nikolsdorf in Osttirol. Aus Vergan-genheit und Gegenwart einer Osttiroler Landgemeinde. Nikolsdorf 1988

Nußdorf-Debant, Marktgemeinde (Hrsg.): Nußdorf-Debant in Osttirol. Aus Vergangenheit und Gegenwart einer Osttiroler Marktgemeinde. Konzep-tion, Redaktion: Dr. Lois Ebner. Nußdorf-Debant 1995

Oberwalder, Louis: Virgen im Nationalpark Hohe Tauern. Innsbruck 1999

Oberwalder, Louis (Redaktion): Gschlöss. Das Almtal im Herzen der Hohen Tauern. (Beratung: Peter Gruber.) Mils Matrei i. O. 2002

Oberwalder, Louis/Peter Thomas Ruggenthaler: Die Kirche zu Unserer Lie-ben Frau Maria Schnee Obermauern in Virgen. Mit Beiträgen von Leo An-dergassen, Reinhard Bodner, Willibald Hopfgartner, Harald Stadler. Herausgeber: Gemeinde Virgen, Pfarre Virgen. Innsbruck Bozen 2003

Oesterreichischer Alpenverein (Hrsg.): Kals – im Banne des Großglockners. Hrsg. zum 60. Todestag von Johann Stüdl und der Erstbesteigung des Großglockners von Kals aus vor 130 Jahren. Innsbruck Matrei i.O. 1985

Paulin, Karl: Die schönsten Tiroler Sagen. Ausgewählt und erzählt von Karl Paulin. Innsbruck Frankfurt am Main 1972

Pizzinini, Meinrad: Osttirol. Der Bezirk Lienz. Seine Kunstwerke, historischen Lebens- und Siedlungsformen. Salzburg 1974

Pizzinini, Meinrad: Lienz in Geschichte und Gegenwart. Innsbruck 1987

Prasch, Hartmut: Masken und Maskenbrauchtum in Oberkärnten und Ost-tirol. Diss phil, Leopold-Franzens Universität, Innsbruck 1985

Prasch, Hartmut: Masken und Maskenbrauchtum in Oberkärnten und Ost-tirol. Klagenfurt 1987 (zitiert als: Buchausgabe)

Putzger, F. W.: Historischer Weltatlas. Jubiläumsausgabe. In Zusammenarbeit mit der Kartographischen Anstalt von Velhagen & Klasing neu herausge-geben von Alfred Hansel und Walter Leisering. 85. Auflage, Bielefeld – Ber-lin – Hannover 1963

Reimmichl (Sebastian Riegler): Christnacht über den Bergen. Eine Vision von Reimmichl. In: Reimmichls Volkskalender 82 (2003), S. 100-103

Richebuono, Giuseppe: Südtiroler Volksleben. Brauchtum im Jahreslauf. Bozen 2000

Sauper, Hubert: Der Säumer. Mit Pferden übers Gebirge. Großkirchheim Döllach 1995

Schaumann, Walther: Schauplätze des Gebirgskrieges. Band Ia: Östliche Dolomiten. Sexten bis Cortina d'Ampezzo. 3. Auflage, Cortina d'Ampezzo 1981

Schaumann, Walther: Schauplätze des Gebirgskrieges. Band Ib: Westliche Dolomiten. Tofanen bis Marmolata. 3. Auflage, Cortina d'Ampezzo 1981

Schaumann, Walther: Schauplätze des Gebirgskrieges. Band II: Pellegrinopaß bis Pasubio. Neuausgabe, Bassano del Grappa 1984

Schaumann, Walther: Schauplätze des Gebirgskrieges. Band IIIa: Westliche Karnische Alpen. Sexten bis Plöckenpaß. Neuausgabe, Bassano del Grappa 1984

Schaumann, Walther: Schauplätze des Gebirgskrieges. Band IIIb: Östliche Karnische Alpen. Kanaltal bis westliche Julische Alpen. Neuausgabe, Bassano del Grappa 1984

Schaumann, Walther/Erik F. J. Eybl: Das Freilichtmuseum 1915-1917 Plöckenpaß. Hrsg. von den „Dolomitenfreunden". Bassano del Grappa 1984 (= Schriftenreihe des Plöckenmuseums; Heft 2)

Schaumann, Walther: Monte Piano. Landschaft und Geschichte. Das Freilichtmuseum 1915/17. 3., neue und verbesserte Ausgabe, Bassano del Grappa 1995

Schaumann, Walther/Peter Schubert: Süd-West-Front. Österreich-Ungarn und Italien 1914-1918. Klosterneuburg Wien 1992

Schaumann, Walther/Peter Schubert: Isonzo 1915-1917. Krieg ohne Wiederkehr. 2. Auflage, Bassano del Grappa 2001

Schemfil, Viktor: Col di Lana. Geschichte der Kämpfe um den Dolomitengipfel 1915-1917 (Untertitel von 1935: Genaue Geschichte der Kämpfe (1915-1917) um den heißestumstrittenen Berg der Dolomiten, verfasst auf Grund österreichischer Truppenakten und authentischer reichsdeutscher Berichte sowie italienischer kriegsgeschichtl. Werke). Neuauflage Nürnberg o.J. (um 1983) (= Schriftenreihe zur Zeitgeschichte Tirols; Bd. 3)

Stadtgemeinde Lienz/Bürgermeister Hubert Huber (Hrsg.): 750 Jahre Stadt Lienz. 1242-1992. Jubiläumsausstellung auf Schloß Bruck. Durchführung: Tiroler Landesmuseum Ferdinandeum. Lienz 1992

Steiner, Gertrud: Das Brauchtum im Jahreskreis meiner Heimatgemeinde Prägraten am Großvenediger und dessen Bedeutung für (religiöse) Erziehung und Unterricht. Hausarbeit zur Erlangung der Lehrbefähigung für den Unterricht an Volksschulen. Fachgebiet: Religionspädagogik, Sachunterricht. Pädagogische Akademie des Bundes in Kärnten. Klagenfurt 1996

Steiner, Kurt: Zeugnisse der Menschlichkeit im Ersten Weltkrieg. Der Geist vom Tonalepaß. Mit Vorwort von Univ.-Doz. Dr. Richard Schober. Innsbruck 1991

Steinringer, Johannes: Das Prozessionswesen in Osttirol. Theol Diss, Universität Wien 1941

Sulzenbacher, Josef: Der verlobte Kreuzgang der Welsberger nach Enneberg. Ein heimatkundlicher Beitrag über Seelsorge und Wallfahrt in Welsberg. Festgabe der Südtiroler Volksbank zur 360. Wallfahrt 1636-1996. Welsberg 1996

Taddey, Gerhard (Hrsg.): Lexikon der deutschen Geschichte. Personen – Ereignisse – Institutionen. Sonderausgabe, Stuttgart 1979

Tötschinger, Gerhard: Die Habsburger in Tirol. Geschichte und Wirkung. Wien München 1992

Teutsch, Brigitte/Günther Haas: Tiroler Brauchtum rund ums Jahr. Starnberg 1995

Thonhauser, Josef: Osttirol im Jahre 1809. Innsbruck München 1968 (= Schlern-Schriften; Bd. 253)

Tiroler Jägerverband: Der Tiroler Jungjäger. Innsbruck o.J.

Wachtler, Michael/Günther Obwegs: Dolomiten. Krieg in den Bergen. 3. Auflage, Bozen 2003

Wachtler, Michael/Paolo Giacomel/Günther Obwegs: Dolomiten. Krieg, Tod und Leid. Bozen 2004

Waschgler, Heinz (Hrsg.): Heimat Osttirol. Innsbruck Wien 1996

Wieser, Heinz: Obermauern und Lavant waren durch die Widderprozession verbunden. Zwei bekannte Osttiroler Wallfahrtsorte. In: Reimmichls Volkskalender 82 (2003), S. 65-69

Videofilm:

Virgental unsere Heimat. Die vier Jahreszeiten. Ein Film von Stefan Kratzer (Prägraten). Sprecher: Robert Hippacher. Text: Lo(u)is Oberwalder. Kamera: Friedl und Stefan Kratzer. Schnitt: Stefan Kratzer. (2001)

Danksagung

Wenn man ein Buch schreibt, merkt man erst, wie viele Leute dazu beitragen. Ohne zahlreiche, beherzte Chronisten sowie eifrige Fotografen und Bildersammler könnte solch ein Brauchtumsbuch gar nie entstehen. Dafür von beiden Autoren ein herzliches Vergelt's Gott!

Danken möchten wir auch allen Sponsoren. Ein großes Lob gilt an dieser Stelle „unserem" guten Geist vom Verlag: Mag. Karin Bachmann. Nur selten sahen wir einen Menschen mit so großer Geduld. Danke Karin!

Besonderer Dank gilt, neben allen Verwandten, Andrea Weiskopf. Weiters möchte ich mich bedanken bei Dr. Robert Hatzer, Dr. Anton Bacher, Thomas Oppeneiger, Mag. Josef Ploner, Ing. Roland Schelodetz, Mag. Cornelia Rhomberg, Thomas und Michael Lang, Stefan Oppeneiger, Christian Altstätter, Martin Trojer, „Glocknerprofi" Willi Seebacher, Josef Oblasser, Gottfried Rainer und Michaela Ruggenthaler.

Widmen möchte ich dieses Buch aber jenen Menschen, die leider viel zu früh verstorben sind: meiner Oma Katharina Lenzer, meinem Vater Hermann Klaunzer und meinem Freund Martin Hanser.

Bernd Lenzer

Außer bei jenen oben genannten Personen, die uns beiden sehr geholfen haben und unter denen natürlich besonders alle Lieferanten von Informationen und Fotos hervorzuheben sind, möchte ich mich noch bedanken bei Herrn Vizepräsidenten des Tiroler Landtages Anton Steixner und Herrn Nationalrat Dipl.-Ing. Georg Keuschnigg für mehrfache Hilfe. Ohne die Unterstützung von unserem Tiroler Landeshauptmann Prof. DDr. Herwig van Staa, von Frau Landesrätin Dr. Elisabeth Zanon, Frau Nationalrätin Helga Machné und Herrn LA Dr. Andreas Köll hätte ich niemals die Zeit aufbringen können, ein solches Buch mitzuverfassen. Ihnen gilt dafür mein herzlicher Dank. Herr Dr. Klaus Schumacher und Herr Mag. Roland Grill von der Kulturabteilung im Amt der Tiroler Landesregierung haben sich sehr um uns gekümmert: Vergelt's Gott für die Bearbeitung unserer verschiedenen Anliegen!

Danken möchte ich außerdem Herrn Oberstleutnant Josef Tabernig, Herrn Mag. Karl Berger und Herrn DDr. Franz Watschinger für Hinweise und manche wichtige Hilfe.

Ich schließe mich der Widmung Bernd Lenzers an und darf noch einer Frau gedenken, die im Jahr 2004 leider verstorben ist: Frau HR Dr. Viktoria Stadlmayer, jahrzehntelang Leiterin des Referates Südtirol im Amt der Tiroler Landesregierung und „heimliche Außenministerin Tirols". Sie hat mich schon an der Universität sehr gefördert und beeinflusste auch später mit ihrem stets ebenso liebenswürdigen wie kritischen Wesen meinen Lebensweg. Die freundschaftliche Beziehung zu ihr hat mir viel bedeutet. Auch ihr sei daher dieses Buch gewidmet.

Dr. Martin Müller

Bildnachweis

In der Regel werden hier die Personen genannt, die die Fotos besitzen oder auf ihnen abgebildet sind, und die uns freundlicherweise ihr Material zur Verfügung gestellt haben. Soweit die Fotografen bekannt und nicht mit den Besitzern identisch sind, werden diese an erster Stelle angegeben, an zweiter Stelle dann die Besitzer.

Museum Schloß Bruck (Lienz): S. 13, 14, 28
Mag. Karl C. Berger vulgo Gelänzer (Matrei i.O., Flirsch / Nordtirol): 16, 17, 36
Foto Dina Mariner (Lienz) / Besitzer: Josef Moser (Kartitsch): 20
Bücherei Innervillgraten: 21, 40, 116, 129, 209 (Abb. 2), 210
OSR Andreas Schneider (Abfaltersbach): 22, 114
Faschingsgilde Sillian: 25, 26
NBO, Raimund Hainzer: 27
Josef Moser (Kartitsch): 29, 52, 227, 228
Pfarrarchiv Sillian: 30, 123, 131
Anna Holzer vulgo Strumer, Alpengasthaus Strumerhof (Zedlach / Matrei i.O.): 42
Mag. Martin Kurzthaler, Nationalparkverwaltung Tirol: 47
Karl Schett (Strassen): 49, 67 (Abb. 2), 74, 130
Anton Goller (Kartitsch): 53, 54, 235
Diakon i.R. Josef Hatzer (Lienz, früher Prägraten am Großvenediger): 56, 57, 200 (Abb. 2), 201, 202, 203, 214 (Abb. 2), 217, 220 (Abb. 2)
Gottfried Islitzer (Prägraten a.G.): 61, 62
Familie Steurer, Gasthof Neunhäusern (Rasen-Antholz): 64, 138
Privatarchiv Josef Mutschlechner (Olang) / Dr. Claudia Plaikner (Olang): 68
Bürgermeister Bartl Klaunzer (Gaimberg): 71 (Abb. 1), 72
Gemeinde Ainet, Gemeindearchiv, Photosammlung: 71 (Abb. 2), 133 (Abb. 1), 142 Abb. 1), 186, 187, 190 (Abb. 2), 191, 195 (Abb. 1), 200 (Abb. 1), 229, 241, 282
Gemeinde Leisach, Gemeindearchiv, Photosammlung: 78, 140, 238, 248
Familie Christian Trost vulgo Kuroten (Matrei i.O.): 79
Oberschneider / Gemeinde Matrei i.O., Gemeindearchiv: 80
Imelda Trojer (Außervillgraten): 81, 196 (Abb. 1), 199 (Abb. 1), 222
Helmut Rotschopf (Virgen): 84, 85, 86
Mag. Lois Joas (Vierschach/Innichen): 96 (Abb. 1), 98 (Abb. 1)
Familie Franz Lang vlg Schmiedla (Virgen): 112, 121, 131, 192, 193 (Abb. 1)
Regina Berger vlg Tembla (Virgen): 117
Gertrud Hatzer (Virgen): 119
Josef Rauter, Pfarrarchiv Sillian: 132, 149 (Abb. 1)
Andreas Hauser vlg. Roana (Virgen) / Franz Wurnitsch vlg Mantla (Virgen): 134, 135, 136
Cornelia Weiler (Anras): 143 (Abb. 1), 282 (Abb. 1)
HSD Franz Holzer (Virgen): 144
Foto Baptist (Lienz, Sillian): 146 (Abb. 1)

Margaretha Ploner vlg Samer: 146 (Abb. 2), 147

Familie Pörnbacher, Gasthof Bad Bergfall (Olang): 152

Johann Aigner (Abfaltersbach): 153

Adolf Berger (Prägraten a.G.): 157, 158, 159

Foto Lottersberger (Matrei i.O.) / Antonia Vogel (St. Johann im Walde): 160, 161

Jürgen Droste (Bochum): 163

Helmut Titz (Niederdorf): 164

Dr. Robert Hatzer (Lienz): 165, 166

Landjugend/Jungbauernschaft Ainet, Silvia Putzhuber u.a. / Ortner Kopien (Ainet):
167

Foto Klose (Innichen): 174, 175

Franz Neumayr (Mittersill): 176, 177, 178

Rudolf Stratmann (Bochum): 183 (Abb. 1)

Familie Mariacher vlg Außermarcha (Virgen): 184, 185

Peter Gruber (Kals a.G.): 188, 189, 190 (Abb. 1)

Foto Dina Mariner (Lienz) / Familie Lang (Virgen): 46, 193 (Abb. 2), 213

Osttiroler Bote, Osttiroler Heimatblätter (Lienz) / Imelda Trojer (Außervillgraten):
198

F. Brandes, Osttiroler Bote (Lienz) / Imelda Trojer (Außervillgraten): 199 (Abb. 2)

Hans Pohl (Bozen) / Eigener Besitz: 212

Diakon Josef Hatzer (Lienz) / Familie Gottlieb Kratzer vlg Oberfeldner (Prägraten):
214 (Abb. 1)

Sara Klaunzer-Sporer (Oberlienz): 218

Josefa Auer (Untertilliach): 220 (Abb. 1)

Petra und Peter Berger (Virgen): 223, 224, 226

Pater Oliver Ruggenthaler (Schwaz, früher Virgen): 230, 231, 233

Foto Dina Mariner (Lienz) / Pater Oliver Ruggenthaler (Schwaz): 232

Gemeinde Matrei i.O., Gemeindearchiv: 237, 244, 245, 262

Foto Dina Mariner (Lienz) / Gemeinde Ainet, Gemeindearchiv: 242 (Abb. 1)

Mahl-Druck (Lienz): 242 (Abb. 2)

Foto Baptist (Lienz, Sillian) / Gemeinde Ainet, Gemeindearchiv: 243

Schützenkompanie Peter Sigmayr (Olang): 246 (Abb. 1), 256, 260, 261

Familie Johann Innerkofler, Hotel Dolomitenhof (Sexten): 251

Albert Fuchs (Assling): 253, 279

Foto Baptist (Lienz, Sillian) / Albert Fuchs: 280

Familie Wibmer (St. Johann im Walde): 143 (Abb. 2)

Hansl Oblasser vlg Öbersta (St. Johann im Walde): 281

Alle übrigen Fotos sind aus eigenem Besitz.

Trotz intensiver Bemühungen konnten nicht alle Inhaber von Bildrechten ausfindig gemacht werden. Für entsprechende Hinweise ist der Verlag dankbar. Sollten Urheberrechte verletzt worden sein, wird der Verlag nach Anmeldung berechtigter Ansprüche diese abgelten.